会社を守る!

ユニオン対策が 2時間で わかる本

改訂増補版

『社長を守る会』竹内社労士事務所 代表
特定社会保険労務士 竹内 睦

自由国民社

＊はじめに＊

皆さん、こんにちは。

私は、平成8年に、おばあちゃんの原宿と呼ばれる東京・巣鴨で社会保険労務士の事務所を開業し、現在は山手線でお隣の大塚駅前のビル6階に事務所を構え20年目となりました。

業務における私のスタンスは、開業以来、一貫して「企業経営者のための仕事をする」「１００％経営者の立場に立って仕事をする」です。

『社長を守る会』という会員制度も設立から15年が経過し、相談顧問サービスを中心に、経営者を強力にサポートしております。

また、現在は『ボスサポートレター』というネーミングのニュースレターを全国４０００社の経営者に送付し、会社を守るための情報提供を行っています。

この『社長を守る会』が、私の仕事を一番わかりやすく端的に表す名称であり、これこそが私の事務所のＵＳＰ（自社独特の強み）だと考えています。

ところで、「社会保険労務士って労働保険や社会保険の事務手続きを代行するだけじゃないの？」と思われる方も多いかもしれません。

もちろん、一般的にはそれで間違いありませんし、私の事務所でもそのような手続業務や給与計算などのいわゆる顧問業務は全体の３分の１を占めています。

しかし、私の事務所の一番の強みは、企業と労働者の労務トラブルを１００％経営者の立場に立って助言し、短時間で円満に解決することです。

また、労務トラブルを未然に防ぐために一番重要な、「会社の憲法」ともいえる「会社を守る就業規則」の作成実績も、延べ１３７０社を超えました。

毎年、厚生労働省が発表する「個別労働紛争」に関する総合労働相談件数は、8年連続で100万件を超える状況が続いており、会社と労働者との争い事は、いつになっても尽きることはありません。

トラブルの当事者となった労働者は、解雇撤回や未払いの残業代を求めて、労働基準監督署に駆け込むか、労働組合に駆け込むか、弁護士に相談するかといった状況です。

これにより私の事務所にも、毎日のように経営者からの相談が入ります。

ユニオン絡みのトラブルが増えた大きな要因として、インターネットの普及が挙げられます。

現在は、インターネットで検索すれば、必要な情報を何でも簡単に入手することができます。

困った労働者は、当然インターネットを使って、会社を相手に闘うための情報を入手するわけです。

そこで、「ユニオン」や「合同労組」と呼ばれる1人でも加入できる「労働組合」の存在を知り、そこに加入して会社に対して団体交渉を申し入れてくるのです。このようなケースが、後を絶たない状況が続いています。

これらの労働組合から団体交渉を申し込まれた場合、ほとんどの中小企業経営者は、その対応に苦慮してしまいます。

それどころか、どこに、誰に、相談すればよいのかさえわからない状況なのです。

そうかといって、これを放置したり無視し続けたりすると、不当労働行為(労働組合法違反)だと主張される煩わしさが増加します。

また、団体交渉に応じるにしても、最初の対応を誤ると、後々まで不利な交渉を強いられる可能性があります。

中小企業の多くは、大企業のように企業内組合などありませんから、法律的な知識や、交渉上のルールなど知る由もありません。

インターネットで「労働組合対応」や「労働組合対策」などと検索してみると、経営者側を支援するサイトは、私の事務所を含めてわずかなものです。

それは、人事労務の専門家のほとんどが、「トラブルに巻き込まれたくない」「ノウハウがない」「関わりを持ちたくない」などの理由で、積極的に関与しようとしないからです。

もっとも、社会保険労務士の試験には、単独で労働組合法の科目などありませんから、仕方ないのかもしれません。

しかし、企業経営者が何の準備もないまま、経験豊富な外部の労働組合と渡り合うのは、あまりにもリスクが大き過ぎます。

そこで本書では、労働者が1人でも加入することができる「ユニオン」や「合同労組」と呼ばれる外部の労働組合に絞って、私のこれまでの経験に基づき、その実態と対応について、お伝えできる範囲で、できる限りわかりやすく解説いたします。

本書で取り上げる事例やエピソードにつきましては、私が取り扱った事実を基にしていますが、当事者個人が特定されることを避けるため、多少、改変していることがあります。

本書が、労務管理の改善や労務トラブルへの準備、労働組合問題を解決する一助となれば幸いです。

平成28年11月吉日

『社長を守る会』竹内社労士事務所
代表　特定社会保険労務士　竹内　睦

会社を守る! ユニオン対策が2時間でわかる本

目次

第2章 ユニオンの本質を知ろう

第3章 労務トラブルから派生するユニオンへの加入

第4章 ユニオンへの初期対応はこうする！

第5章 これが団体交渉の実態！

第6章 ユニオン対策のポイントは不当労働行為！

第7章 ユニオン問題の解決に向けて！

第8章 実録！ ユニオン事件解決までの記録 その1

第9章 実録！ ユニオン事件解決までの記録 その2

第1章

ユニオンを知らないということの恐ろしさ

◆衝撃の労働組合結成通知！

先日、あるシステム会社の社長が当事務所にご相談にお見えになりました。

当事務所が運営する労働組合対策相談室のウェブサイトをご覧になって、お問合せいただいたお客様ですから、労働組合絡みのご相談に間違いありません。

挨拶もほどほどに、社長に今回のご相談の主旨を伺ってみると、「実はとても困ったことになりました。うちの社員達に急に労働組合を結成されてしまって……」。しばらく口ごもっていた社長ですが、重い口を開いて、これまでの経緯を語り始めました。

……2週間程前、うちの会社の営業部のA課長が、大事な話があるから時間を取って欲しいと言ってきました。

私は何事かと思いながらも、翌日の取引先との打合せが17時頃に終わるので、18時には帰社できるからその後であればと、A課長に約束をしました。

そして翌日、私が予定通りに取引先から会社に戻ると、A課長がすかさず声をかけてきて、今から会議室にお願いしますと、私を会議室に連れて行きました。

すると、そこには同じ営業部でA課長の部下であるB社員、そして見知らぬ顔の年配の男性が既に着席していました。私はお客様かと思い、こちらから名刺を出して挨拶をすると、相手の名刺には○○労働組合書記長という肩書きがありました。

私は、何がなんだかわからないまま、出された名刺を受け取り、取りあえずテーブルに着きました。

すると、さっそくその書記長という人物が、「○○労働組合は法的に認知された労働組合であり、A課長並びにB社員が、当社に○○労働組合の支部を結成したのでここにお知らせします」と言うではありませんか。

私が状況をよく理解できぬまま黙っていると、書記長は続けて当社に対する要求事項を一方的に話し出しました。

途中で、私は「ちょっと待ってください。これは一体どういうことですか」と言うと、A課長に「社長、黙って最後まで私達の組合の要求を聞いてください」と遮られ、再び書記長は要求事項を話し出しました。

突然の成り行きで、私はかなり困惑していました。頭の中は真っ白になってしまい、本当に何がなんだかわからないような状態だったのです。

労働組合なんて、私が以前勤めていたシステム会社にはありませんでしたし、20年前に独立してからも、何の縁もゆかりもありませんでしたから、まったく降って湧いたような話です。

しかし、彼らの要求には、確かに耳の痛いところも一部あることはありましたし、労働組合が法律でこれだけ保護されているのだからと言われると、なんとなく自分が悪いことでもしているような錯覚に陥りました。

しかも、上部団体の労働組合と、でき立てほやほやの自社の支部が連名で記載し押印した「労働組合結成通知書」、「要求書」が周到に準備され、極めつけに、労働委員会の押印がされた「労働組合資格証明書」を見せ付けられました。

これでもかと言わんばかりです。すっかり、水戸黄門の印籠のごとくです。

その後、彼ら3人からは、今後会社は我々労働組合と継続して協議していく義務があること、組合活動は法律で保護された権利であることなどを何度も聞かされた挙句、最後に、今日話したことを確認するために確認書を今から書くので、そこにサインしてくれと要求されました。

私は、かなり混乱していたこともあり、この場でサインすることの意味や、その後の怖さも知らぬまま、この場を早く逃れたい気持ちもあり、A課長の汚い字で書かれたレポート用紙に、言われるがままサインをしてしまいました。

すると数日後、Ａ課長から先日の労働協約に基づいて、未払いの残業代について早急に解決することを議題とした団体交渉の申入書を渡されました。

◆いつの間にか締結させられた労働協約！

私は、そんな労働協約など結んだ覚えはありませんから、一蹴して断ったのですが、「ここに、ちゃんと残業代について誠実に協議すると書いてあります」と言って、例の汚い字で書かれた確認書を突き付けられました。

「何を言っているんだ。これは先日の話の確認のためのただのメモじゃないか」と言うと、「労働協約として有効な要件は全て満たしているから、これは立派な労働協約だし、団体交渉を拒否すれば不当労働行為に該当する」などと言ってきたわけです。

私も不勉強で、労働協約とか不当労働行為とか言われても、よく意味がわからなくて、その後ネットで調べてみたら、概ねA課長が言っているように労働組合に認められた権利であることが書かれていて、愕然としてしまいました。

せっかく独立して育ててきた会社なのに、こんなことになってしまって、知らなかったとはいえ、なんと軽率なことをしてしまったのかと、悔しくてなりません……。

ここまで話し終えた社長は、若干顔色が戻ってきたようにも思えましたが、自分で話しながら次第に怒りが込み上げてきたようで、机の上で本当に悔しそうに両方の拳が強く握り締められていました。

どうやら、かなり厄介なことになってきました。

社長は知らなかったこととはいえ、労働組合の一番望む結果（＝戦利品）に自らＯＫのサインをしてしまったのです。最終決定権者である社長がサインしている以上、何かの間違いだとはなかなか言い難い状況です。

労働協約というのは、就業規則や労働契約などよりも優先するもっとも強い契約文書ですから、使用者は労働協約で決めた基準を遵守しなければなりません。いくら就業規則を会社側の意のままにつくったとしても、個々の社員と労働契約を結んでいたとしても、組合員については、何よりも優先されるのが労働協約なのです。

また、労使間の合意文書の表題が、今回のように「確認書」であったり、「覚書」や「議事録」等の名称であったとしても、書面に作成し、労使双方（両当事者）が署名し、または記名・押印したものであれば、労働協約としての効力が生じてしまいます。

通常、労働組合の結成通知書や加入通知書、団体交渉の申入書などは、配達証明郵便で送られてくるのが一般的ですが、今回のご相談のように、労働組合の上部団体の役員などと加入した労働者が一緒になって、直接手交してくるケースもあります。

また、そのようなやり方を必ず踏襲してくるユニオンも実際に存在します。

このケースでは、まったく労働組合に関する知識のない社長を混乱させ、冷静な判断もできないうちに労働協約にサインさせようとする意図が感じ取れます。

そしてもう一点、社長が組合員に言われた**不当労働行為**というのは、労働組合対策では非常に重要なポイントになるので後ほど詳しく記しますが、労働組合法第7条に定められており、**労働組合活動を保護、擁護並びに助成するための労働組合法に違反する行為**となります。

組合員であることを理由に不利益な取り扱いをしたり、団体交渉に応じないなどの対応は、まさしく不当労働行為とされる可能性が高いのです。

ただし、勘違いしてはいけないのは、労働組合との誠実な話し合いを求められているのであって、要求事項に合意しないからといって、不当労働行為にはなりません。

◆経営権をも奪われる驚愕の内容！

今回の社長の場合、「確認書」と称する書類に記載されていたことは、次のような内容でした。

① 会社は、現在の不適切な残業代の計算方法を是正し、未払いとなっている組合員の残業代については、早急に支払うこととする。

② 組合員の有給休暇の取得については、法律に準じて組合員の要求通りに与えることとし、新たに半休制度を導入することも検討する。

③ 夏季休暇および年末年始休暇を公休として7日以上にすることを検討する。

④ 会社は、組合員の労働条件の変更、出向、配置転換、解雇を行う場合については、事前に労働組合と団体交渉において協議し、双方合意の上で実施する。

⑤ 会社は、労働組合に対して、会社施設内における掲示板の設置を認める。

⑥ 会社は、組合員の就業時間中における必要最低限の組合活動を認める。

⑦ 会社および労働組合は、法律を遵守して発展に努める。
⑧ 会社が行う人事考課については、その評価・査定方法、並びにその結果等について、労働組合に説明する。

かなり厳しい内容です。

このように、労働基準法などの法律に準じて取り扱うように要求している、当たり前といえば当たり前のことの中に混ざって、会社に与えられた「業務命令権」「人事権」「施設管理権」といった経営三権にまで、労働組合と事前に協議したり、合意を必要とするような事前協議約款や事前合意約款が、密かに散りばめられているのです。

これに応じてしまえば、将棋でいうところの、王手飛車取りどころか、もう王将を取られてしまったも同然なのです。

会社を経営するための様々な判断に対して、全て労働組合にお伺いを立てなければならなくなるわけで、これでは誰が経営者なのかわからなくなってしまいます。

そもそも、このような**経営三権に関する事項については、労働組合と交渉すら行う義務は微塵もありませんから、経営者の専決事項にしておかなければなりません。**

それればかりでなく、法律で義務とされていないようなことでも、会社が承諾してしまえば、それは会社の義務となってしまうわけですから、どんな要求であれ冷静に検討しなければなりません。

しかし、こうして通常では考えられないような事前協議や事前合意などの約束を、労働組合が介入した直後の時点で、いつの間にか取り付けられたりするケースも実際にはかなりあるのです。

ほとんどの中小企業の経営者の場合、労働組合に関する知識も準備もありませんから、突然、何かのきっかけで労働組合に介入され、経験豊富な組合役員らに手玉にされ、会社経営までをも牛耳られてしまう危険性は十分にあります。

◆明日は我が身と受け取るべし

「自分の会社は大企業のように労働組合はないから安心だ」などということは100%あり得ません。

この後で解説しますが、大企業に多く見られる企業内組合ではなく、労働者が1人でも加入することができる「合同労組」や「ユニオン」などと呼ばれる労働組合（本書ではこれらを総称して、以下、「ユニオン」とします）に、社員はいつでも加入することができ、会社に団体交渉を求めてくることができるのです。

この事例のように、そのようなユニオンに加入して、しかも自分達で支部までつくってしまうことだって、いとも簡単にできてしまうのです。

大企業の企業内組合の勢力は、年々衰えつつありますが、このようなユニオンなどの活動はますます活発化しています。

しかも、**情報はインターネットを通じて氾濫していますから、どんな会社であっても、明日にでもユニオンから通知が届く可能性があることを認識して、できる限りの準備をしておく必要があるのではないでしょうか。**

皆さんを脅かすために書いているのではありませんが、ユニオンを知らないことの恐ろしさ、そしてその脅威が、いつでもどこの会社にでも発生する可能性があるということは、ご理解いただけたのではないかと思います。

しかし、本書をお読みいただいて、初期対応さえ誤らなければ、何ら問題はありませんので、ご心配なく！

第2章

ユニオンの本質を知ろう

◆労働組合とは

まずは労働組合とは何かということについて簡単に触れたいと思います。

労働組合というのは、ひと言で表すと、労働者が団結して会社に対して労働条件などの交渉をするための集まりです。

使用者（会社）と労働者を比較すると、労働者は使用者よりも弱い立場にあるとされ、数的優位に立ち、対等な立場で交渉できるようにするため、労働者が団結したものです。

実は、この労働者が団結する権利や組合活動を行う権利は「憲法」で保障されているのです。

憲法第28条（勤労者の団結権）

勤労者の団結する権利及び団体交渉その他の団体行動をする権利は、これを保障する。

また、労働組合法でも、労働者が正当な組合活動を行ったことによって、使用者がその労働者に不利益になるような取り扱いをすることを禁じています。

そして、労働者は誰でも自由に労働組合をつくることができます。労働者が２人以上集まり、労働組合を結成したと言えば、これで誕生です。労働条件の維持・改善を目的として自主的に結成され、民主的な組合規約を備えていればよいのです。役所などに届出る必要も、使用者に承認してもらう必要もなく、労働組合を結成することができるのです。

組合員の範囲については、組合が自主的に決めます。ですから、役員や人事労務関係の部署の幹部、監督的地位にある者などが加入して、団体交渉を求めることも普通にあります。

しかし、使用者側から経済的援助を受けたり、共済や福利事業、政治活動、社会運動などを主な目的としている場合は、労働組合法上の労働組合としては認められません。

つまり、憲法上の労働組合と労働組合法上の労働組合（「法内組合」といいます）は、概念に違いがありますが、実務では、ほとんど問題になりません。

◆突然、当事務所に怖い人がやってきた！

もう10年以上前の話になりますが、ある会社の社長が、勤めていたパートタイマーの女性を解雇したのですが、それが不当な解雇だとして会社に抗議してきたため、その対応について相談を受けたことがありました。

双方の意見は、真っ向から対立しており、かなりヒートアップした状態であったため、第三者のいるところで、冷静に話し合いをしようということになり、当事務所の会議室に、双方来ていただいて協議をすることになりました。

約束の時間のしばらく前に、会社側から社長以下３名が来所されましたので、先に会議室でお待ちいただくことにしました。

その後、受付のインターホンに、パートタイマーの女性から到着した旨の連絡が入ったので、受付した当事務所の社員が、社長らの待つ会議室に案内しました。

すると、受付した社員が、「あの〜、女性の方と一緒に、なんかとても怖い感じの人が来てるんですけど……」と伝えてきました。

「えっ、本当ですか。怖い感じってどんな？」

「あの〜、なんか目つきが鋭くて、頭は坊主で、迫力あって、とにかく怖い感じで……」

そんな話を聞いていた別の社員が、「刃物とか持ってたらヤバイっすよね」とか言うものですから、話し合いに立ち会う予定だった社員を会議室に行かせることが次第に不安に思えてきて、取りあえず警備保障会社への緊急コール信号が発信されるリモコンを持って、私が行くことにしました。

今回の案件は、ユニオンが介入しているわけではありませんし、当然のようにパートタイマーの女性が1人で来るものだと思い込んでいましたので迂闊でした。

会議室のドアを開けて中に入った瞬間、かなり険悪なムードが漂っており、話に聞いていた怖い人というのが、予想以上に怖そうで、『これはまずい』と、思わず心の中で叫んでしまいました。

人は外見だけで判断してはいけないと言いますが、嫌でもそう判断できてしまいます。いつ刃物が出てくるのか、終わるまでずっとヒヤヒヤものでした。

事務所の他の社員達も、「警備会社の警備員をすぐ呼んだ方がいいんじゃないか」とか、「いや、警察を呼んだ方がいいんじゃないか」「でも、まだ事件になってないから動かないんじゃないか」とか、かなり盛り上がっていたらしく、もう仕事どころではなくなっていたようです。

結局、労働局のあっせんが申し立てられて、その場で会社が一定の解決金を支払うということで円満解決し、ホッと胸を撫で下ろしました。

見かけは怖くても、これが普通の話し合いというものであって、決して見かけが問題なのではありません。問題なのは、このようにまともな話し合いすらできない一部の「ユニオン」なのです。

◆ユニオンはクレーマーよりも怖い？

さて、私は、ユニオンには、「見るからに怖そうな人がいっぱいいるんですよ」と言っているのではありません。

少なくとも、私の経験では、一見しただけで怖そうな組合の役員などに出会ったことはありませんし、身長１８３センチメートル、体重１００キログラムの私の方が、余程怖く見えるだろうと思います。

そうではなくて、**ユニオンの一番の脅威というのは、なんといっても労働組合法で、その存在が認められ、法的な保護が与えられているということなのです。**

私は、ご相談に来られるお客様にわかりやすくするために、表現は少し微妙ですが、最初に次のようにお話をさせていただきます。

クレーマーは、一般に怖くて面倒そうだと思われていますよね。実際にも怖くて面倒だと思うのですが、でも、会社経営者から見れば、クレーマーの方がまだましかもしれません。

なぜなら、彼らが脅したり圧力をかけてきたりする行動は、ことごとく違法行為なわけですよね。そうすると、会社はその行為に対して110番すればいいだけです。社会的にもどちらが正義なのかの判断は明確です。

◆罪に問われない労働組合？

ところが、労働組合というのは、そもそも存在自体が憲法上で認められていて、労働組合法上も、正当な組合活動は保護・助成されているわけですから、彼らのやることは基本的には、正当だと判断される可能性が強いんです。

一般人がやると犯罪で罰を問われることであっても、組合員の場合は罪にならないことがあるのです。

なぜなら、犯罪には構成要件というのがあって、人を殺すこととか、人のものを盗むことか、犯罪類型が示されています。ユニオンがよくやる、例えば会社の前でスピーカーを使って大音量で騒ぐような行為というのは業務妨害になるわりで、犯罪の構成要件に該当していると言えます。

しかし、犯罪が成立するというのは、構成要件に該当しているだけでは不十分で、違法性がなければダメだということです。

違法性というのは、正当防衛のように、状況によっては違法性がないとされる場合もあるのです。

さらに、違法性があったとしても、今度は責任がないとダメなんです。

例えば、心神喪失状態のように、責任を問える状態ではなかった場合は、やはり犯罪が成立しているとは言えなくなってしまうのです。

要するに、構成要件に該当し、違法性があり、責任がある、その三段構えなんです。

そして、正当行為というのも違法性がないということになるのですが、その正当行為の中に組合活動が入っているというわけです。

ですから、スピーカーでギャーギャー騒ぐのは業務妨害であって、これは構成要件には該当しているけれども、違法性というフィルターにかけると、正当な組合活動の範囲内ということであれば、正当行為ということになって、違法性がないことになる。だから、当然責任もないというロジックです。

一般人がやれば犯罪で罰を科せられるにもかかわらず、組合員がやった場合は、本来だったら犯罪なんだけれども、違法性が阻却されて罪にならないということがあるんです。

◆正当な組合活動はどこまでか?

ただし、そこには**正当な組合活動の範囲を逸脱していない**という条件が付くわけです。

もちろん暴力などは完全に逸脱した行為であることは明らかですが、何が正当な範囲なのかはすごく抽象的ですよね。

どこまでが正当な組合活動なのか、どんな場合は正当と言えないのか、細かいところで言えば判断が付き難いのです。

ですから、ユニオンはどんなことでも全部正当な組合活動だと平気で言ってきますし、逆に会社としては、なるべく縮小解釈をして、ここまでが正当な組合活動であって、組合のやっていることは、既にそれを逸脱しているから、正当な組合活動ではないのだと反論することになります。

それを誰が判断するかといえば、結局は裁判官ということになります。

後は、過去の裁判例を参考にすることになります。

例えば、ユニオンのつくるビラがあります。あれは、その書かれている内容が事実かどうかで判断されるようです。

もし事実であったら、ビラに書いていくら配っても、それは正当な組合活動の範囲内だと言われ、労働委員会で争うと、大体、会社にとって分が悪い結果となります。

ところが、事実ではないことや、プライバシーを侵害するようなことを書いていたら、それは正当な組合活動を逸脱しているということになり、名誉毀損や業務妨害、それに伴う損害賠償を問うことも可能になるのです。

しかし、ここでも組合員以外の普通の社員だったら結果は違ってきます。普通の社員であったら、自社の情報は、事実であろうがなかろうが、外部に漏らしてはいけないというのが基本です。

通常、どこの会社でも、会社の機密事項を漏らさないという内容を就業規則に記載していたり、誓約書を締結していたりしますから、当然それを守る責任があります。

ところが、いざ組合活動ということになると、その内容が事実であれば、それがビラであろうと街宣活動でギャーギャー騒ごうとも、それは正当な組合活動の範囲内だと認められる可能性が高いのです。ただし、動画サイトに自宅や社長さんや奥さんをアップされた場合は、差し止め請求で対抗することになります。

入社時に機密保持契約を交わし、会社の機密事項や重要な事項を社外に漏らしてはいけないといった守秘義務があったとしても、正当とされる場合が多いのが現実です。

そういう保護の範囲内で、いろいろな活動ができるという建前の下に行われているのが、街宣活動であり、ビラ配りであり、究極はストライキなのです。

自分達が仕事をしないで、自分達の働く会社に打撃を与えるという武器まで持ち出して、対等な交渉をしようとする行為すら認めてしまう、そういう一方的なシステムになっているわけです。

労働組合のやったことを咎めることはなかなかできません。

クレーマーの行為は咎めることができても、ユニオンの行為を咎めることは難しく、むしろ咎めようとすることは、不当労働行為だと主張される恐れがあります。

ですから、経営者からみると、クレーマーよりも手に負えないということになるのです。

◆1人でも加入できるユニオン

さて、労働組合には様々な種類があって、日本の場合は、会社単位（企業別組合）でつくられている労働組合が多いのですが、**各地域において、企業や職種に関係なく、会社の枠を越えて、個人でも加入できる「ユニオン」と呼ばれる外部の労働組合があります。**

名称は、「○○ユニオン」や「○○一般労働組合」などのように、必ずしもユニオンという名称を含まない場合もあります。

ユニオンの多くは、インターネットでも活動をPRしているので、「合同労組」「労働相談」「労働組合」「ユニオン」「労働問題」などのキーワードで検索してみてください。

ユニオンには、パートタイマーや派遣で働く人達も加入できますが、これらの人達のための、パート中心、派遣労働者中心の労働組合や、管理職によって構成された労働組合などもあります。

ユニオンに加入すると、その組合の役員らが、会社への団体交渉の申入れをしてくれたり、団体交渉を自分の代わりに行ってくれたりするので、組合員にとっては心強い面もあるかもしれません。

ただし、こうした労働組合でも、**労使紛争の解決にあたる時は、それなりの費用が必要です。**

彼らはボランティアでやっているわけではありませんから、通常の組織維持のための経費も、当然欠くことができません。

◆ユニオンの仕組み

それでは、ユニオンはこの経費をどのようにして賄うのでしょう。

労働組合は、**組合員から「組合費」という名目でこれを調達しています。**

組合費は、組合によって異なるようですが、概ね、基本給の1～2％程度のようで、月額1000～5000円くらいでしょうか。

それから、加入時には加入金を必要とするところもあるようです。

また、**単発の個別紛争の場合は、将来的な経費負担が見込まれないため、企業がユニオ**

ンに支払う解決金からの「カンパ」とか「活動資金」という名目で、費用負担を求められる場合があります。いわゆる成功報酬です。

その額は、個々の組合によって異なりますが、団体交渉で解決する場合は10～20％程度、争議行為等をしなければ解決しない時は20～50％と言われています。

もちろん、支援に応じるか否かは労働組合の判断次第ですし、労使紛争の内容によって、必要経費の多寡も上下すると思われます。

頑張ったが成果は得られなかった、しかし費用は発生した、などということも当然想定されます。

いずれにせよ、労働者がユニオンなどの労働組合に支援を求める時は、後日もめごとにならないように、事前に費用の算段をしておくことも必要でしょう。

次項で事例をご紹介しますが、費用面でのトラブルは実際にあるようです。

ユニオンは本人のやる気を萎えさせたくないため、当初は、あまり成功報酬などの話を持ち出さないようです。

◆ユニオンが自分の組合員を訴えた？

先日、何を勘違いしたのか、当事務所にどこかのユニオンの組合員だった人から電話で相談がありました。

どうやら、ユニオンと組合員との間で金銭的なトラブルがあったようです。

通常、個別の労務トラブルでユニオンに加入して、金銭解決で決着がついたとすると、企業からの解決金は、組合の管理口座に振り込むケースが圧倒的に多いのです。

会社から振り込まれた解決金から、組合が自分の取り分を抜いて、残りを組合員に振り込むといった流れです。

しかし、電話をかけてきた人の場合は、労働委員会のあっせん等ではなく、労働審判によって、組合の口座ではなく、本人の口座に解決金を振り込むことになったため、組合へは本人から振り込む約束をしていたらしいのです。

ところが組合からは、当初言われていた解決金2割という金額以外に、団体交渉に動員した人間が延べ何人で、その費用の合計が○万円、それに交通費が全部で○円かかったなどと、かなり上乗せして請求されたのです。それについて不満を感じた元組合員は、組合にお金を払わなかったらしいのです。

そうしたら、なんと、そのユニオンが元組合員を相手に、訴訟を起こしたのです。

訴訟といっても、60万円以下の場合に利用できる簡易な訴訟（少額訴訟）で、原則その日のうちに判決が出されます。

そこに元組合員は出廷しなかったため、欠席裁判でユニオン側の勝訴となって、組合が差し押さえに来たらしく、それで困った元組合員が勘違いして当事務所に連絡してきたらしいのです。

もちろん、当事務所としては、「それはお気の毒に」としか言いようがありません。

ですから、必ずしもそのユニオンと組合員というのは、信頼関係をベースに一枚岩になっているわけでも何でもないんです。

組合にしてみれば、飛び込んできたお客さんであって、飛び込んだ労働者にとっても、自分1人では何もわからないし何もできないから、自分を助けてくれるのなら、多少のお金を払ってでも組合に加入するんです。

当然、解決すれば脱退です。

要するに、**組合と利害関係が一致するため、一時的に一緒になって会社を攻撃する行動をしているだけなのです。**

しかし、このように会社とは何の関係もない外部のユニオンであっても、実務では労働組合法という手厚い保護の下に、企業内組合と同じように扱われます。

アメリカの法律などでは非常に合理的で、その企業の労働者の半数以上が加入している労働組合（「過半数労働組合」といいます）だけに、団体交渉等の権利を認めており、過半数労働組合以外にはそういう権利を認めていません。

もちろん日本でも、果たしてユニオンなどが正当な労働組合として認められるかどうかという議論がないわけではなく、学説などは分かれているようです。

しかし、実務上は、既に認められてしまっている状況なので、ここを争うのはあまり意味のないことかもしれません。

例えば、労働者が不当に解雇されたとして、その時に弁護士を雇って争うというのは、費用もたくさんかかるし、弁護士自体が受ける人と受けない人もいたりして、労働者の救済を考えた場合には、そういう外部の1人でも入れるユニオンのような存在があった方が、社会の安定、秩序維持のためには良いのだというふうに考える学者もいるようです。

◆ユニオンと組合員の思惑の違い

在職中の従業員がユニオンに加入した場合、その組合員とユニオンの思惑が、根っこの部分では違っているということはよくあります。

ユニオンに加入した時の目的は、未払いの残業代請求であったり、セクハラやパワハラの問題だったりしますが、目先の目標として、金銭をもらって、会社にはお灸をすえてやりたいくらいだったのかもしれません。

ところが、表向きは同じなのですが、中には全然違う思惑で、組合員とユニオンが行動するケースだってあります。

この場合の**組合員は、まだ退職していない在職中の従業員であって、あまりやり過ぎて、自分が将来的に不利益な仕打ちを受けたり、会社が潰れたりしたら、結果的に自分が路頭に迷うだけだし、損だという判断はある**のですが、**くっついている外部のユニオンには、そんなことは関係ありません。**

これが企業内組合なら、個々の組合員と組合の温度差はあまりないのでしょうが、やはりユニオンは部外者でしかありませんから、目的は組合員と完全には一致していないのです。

また、組合員もそこまで気づいていなかったりして、煽られるままに暴走してしまうケースもあります。

そして、赤字続きで経営が苦しくなりつつも、なんとか雇用を維持しようと頑張っていた会社に、膨らましに膨らませた未払い残業代の請求を突き付け、事業継続の社長の意思を喪失させた事例もあるのです。

結果、会社は解散です。組合員は解雇予告手当として、1ヶ月分の金銭を受け取ることはできたものの、整理解雇でおしまいです。

会社や社長が悪いんだと、赤い腕章を腕に巻いて残業代を要求しても、会社がなくなり職を失い、ハローワークで仕事探しという、かなり悲惨な結末です。

ここまで煽ったユニオンは、その後、組合員をどのようにサポートしたのかはわかりません。

もしかしたら、組合員を労働条件がより劣悪な会社へ就職させ、その会社でオルグをして組合員を増やし、最終的に争議を発生させて、費用を回収したのかもしれません。

こういう作戦を「送り込み戦略」と呼ぶそうで、実際に存在するようです。なんと恐ろしい！

◆組合員がユニオンに愛想を尽かした事例

他にも、変わった事例があります。

飲食店や宅配ピザ、コンビニなど、複数のフランチャイズに加盟して、手広く店舗経営をしている会社での事例ですが、売上不振で赤字続きのある店舗を閉鎖することになった際、その閉鎖する店舗の８人の社員が、あるユニオンに加入しました。

その後、会社は誠実に団体交渉を何回かやったのですが、その団体交渉に出てきたユニオンの執行委員というのが、かなり酷かったんです。

会社としては、その事業からの撤退と人員削減を決定していたため、いついつまでに退職に合意してくれた人については、普通の退職金に加えて、これだけの割増金を支払うという条件を提示していたわけです。

組合は、それを目がけて団体交渉をやっていたんです。もっと出せ、もっと出せみたいな感じで、かなり強烈でした。

組合は、その団体交渉の過程で、会社は十分に体力があるのだから、今、事業を閉鎖する必要は全然ないはずだと交渉してきます。

もちろん、組合員も事業の継続を望んでいたので、事業閉鎖ではなくて、他の道もあるんじゃないか、みたいな話も当然出ていました。

それにもかかわらず、期限を区切って事業を辞めるなんていうのは、会社は身勝手だといった論調で、途中まではユニオンも組合員も同じだったんです。

それが、その後の団体交渉の中で、本人達のいる前で、そのユニオンの執行委員の2人のおじさんが、「せっかくこうやって組合員になってもらったのに、ここで全員解雇されてしまったら、これから何年間にも渡ってもらえるはずだった組合費がもらえなくなってしまうから、会社はその逸失利益を補てんしろ」とか言い出しました。

これにはこちらも驚いてしまいましたが、向こうの8人の組合員達も、かなりシラけてしまったんです。

会社の事業継続を要求していた本当の理由を、組合員の前で正直に暴露して、墓穴を掘ってしまったということです。

結局、組合員全員が交渉途中で組合を脱退して、割増退職金を受け取って退職したのは言うまでもありません。

会社の指定した期限までに退職しないと割増退職金がもらえなくなってしまうことが理由なのか、ユニオンに愛想を尽かしたのかは、今となっては定かではありません。

組合員達がいなくなったので、団体交渉も途中でしたが、これでユニオンと会社の関係は消滅です。

まったく拍子抜けの結末ですが、会社にとっては計画通りの結果を得ることができました。

他にも、ユニオンの支部をつくり、一気に組合員数を増やして頑張っていた首謀者がいましたが、半年近く団体交渉を行ったものの、ほとんど要求を達成することができないまま、自ら社長に「私は一定の金銭をもらえれば、会社を辞めてもいいですよ」と申し出をして（金銭付自己都合希望退職？）、さっさと退職してしまい、その後、組合は一気に縮小して、自然消滅したというケースもあります。

団体交渉を粘り強く継続していけば、組合員が自ら諦めてしまうケースというのも、結構あるのです。

第3章

労務トラブルから派生するユニオンへの加入

◆個別の労働紛争が集団的労使紛争へ

本来、労働組合というのは、立場の弱い労働者が団結して、対等な立場で労働条件などを使用者と交渉するための集団です。

しかし最近では、**1人の労働者の解雇撤回や残業代の請求などを目的に、外部のユニオンが団体交渉を求めてくるケースが非常に増えています。**

トラブルになった労働者が、外部のユニオンに加入したとたんに、個別の労働紛争が、形としては集団的労使紛争として取り扱われることになるのですが、実質は個別の労働紛争です。

団体交渉は、組合員の労働条件などを改善するための交渉ですから、たった1人の労働者（組合員）の問題を、しかも会社と無関係の外部のユニオンが取り扱うのは、かなりおかしなことと言えます。

この場合の外部のユニオンは、組合員の代理人に他ならないと思います。

個々の労働者と会社との個別の労働紛争は、本来、双方で話し合いの上、解決するのが筋なのです。

企業内組合などでは、個別の労働紛争については、組合の団体交渉事項ではないという建前で、受け付けないところもあります。これが普通だと思います。

あくまでも**組合との団体交渉というのは、労働条件の維持改善、経済的地位の向上に関することについて、従業員の総意として（従業員＝組合員）という労働組合が、団体交渉をするのが建前**ですから、1人の解雇などという問題は、やはり集団的労使紛争などではありません。

しかし、実務では、1人の問題についても、ユニオンと解決に向けて誠実に対応するしかないのが現状なのです。

このような**個別の労働紛争に部外者であるユニオンが関与してきて、スムーズに解決できればよいのですが、掻き回されたり、話し合いで決着がつかないということも考えられます。**

そういう時は、労働審判などの制度がありますし、労働委員会のあっせんもありますので、最初からこちらを利用した方がいい場合もあります。

ユニオンに介入されてしまうと、状況にもよりますが、実際のところ、使用者は勝手がわかりません。ですから、問題解決までの期間が長引いたり、不利益な条件をのまざるを得ないようなケースもあります。

ユニオンも目的を持って介入していますから、成果なしの結果では組合員に対して示しが付きませんし、交渉にかかるコストの回収すらできません。

ですから、簡単に諦めたりはしません。こちらも面倒ですが、気後れすることなく、根気強く、粘り強く交渉を続けることになります。

後ほど詳しく書きますが、初期対応を慎重に行い、団体交渉での留意点をチェックしていただき、注意深く団体交渉を進めていくことがポイントです。

◆労務トラブルがユニオン介入のトリガーになる！

ユニオンが介入してくる原因は、労務トラブルの発生がきっかけです。
あるいは、問題従業員が、自分の近い将来に、会社が不利益な処遇をしてくると思った時です。

普段から労務トラブルに悩まされている会社の場合は、既に赤信号が点灯している状態ですが、**一見平穏に何事もないような会社でも、ちょっとしたことがきっかけとなり、ユニオンが介入してくる可能性は常にあるのです。**

そこで、ユニオン介入の引き金となる労務トラブルについて、少し掘り下げてみたいと思います。

労務トラブルのきっかけとなるパターンとして多いのは、次の4類型です。

当該従業員が、

①　協調性がなく、勤務態度不良で指揮命令に従わない等の問題行動を起こしている。
②　能力不足で教育指導をしたが一向に改善しないので、そのまま放置している。
③　身体だけでなく心の部分で健康上の問題が発生したが、その処遇で迷っている。
④　日常生活、私生活上のトラブルを抱えている。

そして、会社がこれらの対応に苦慮した上で、次のようなシチュエーションの時に、労働紛争が顕在化します。

企業内トラブルの発生から企業外トラブルに至る過程を、私なりに分析したのが、次ページの「労務トラブル12パターンの体系図」です。

労務トラブル12パターンの体系図

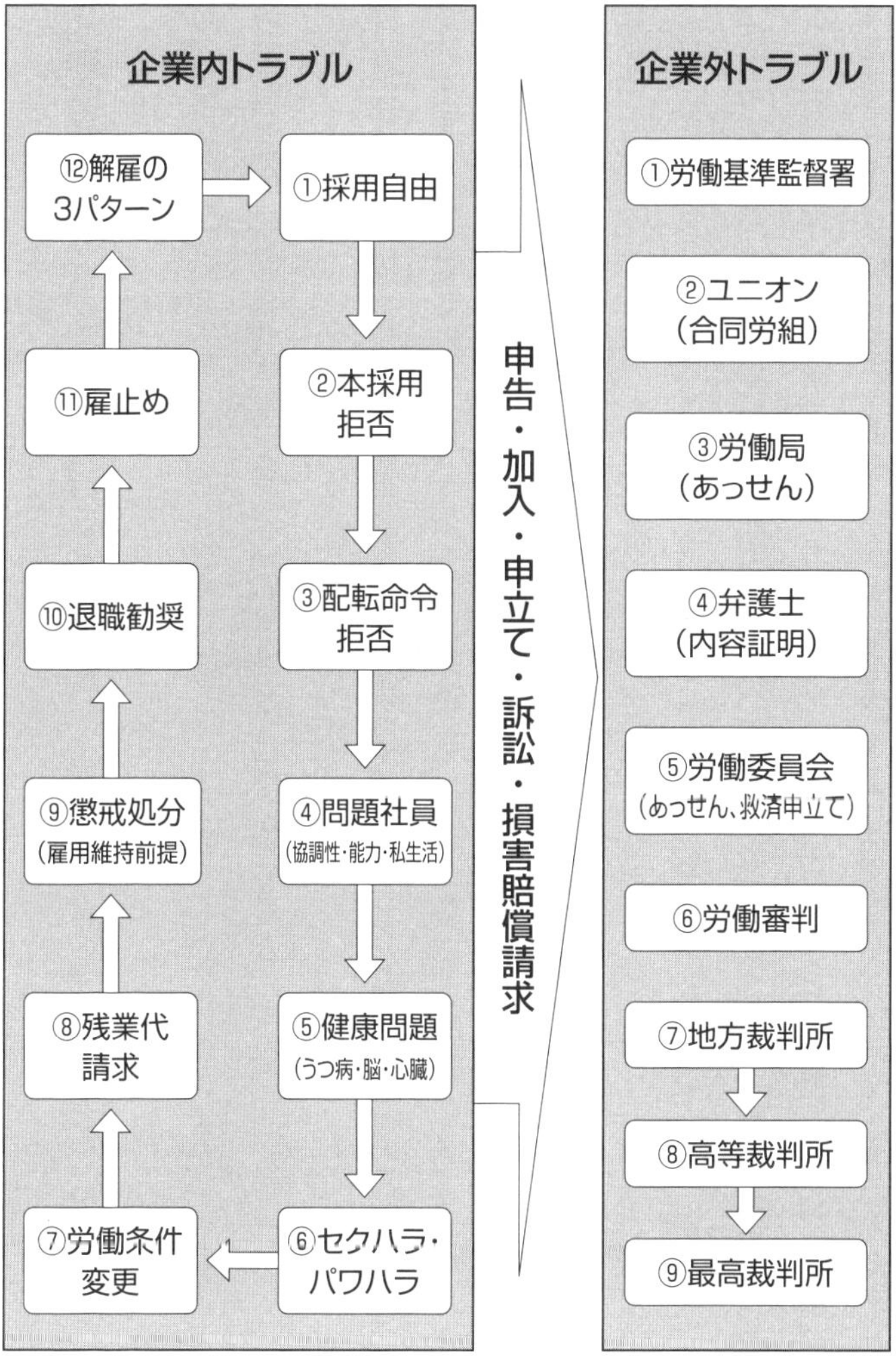

◆労働者がユニオンに駆け込んだ時

某ＯＡ機器の販売会社を退職した元社員Ｃから、未払いになっている残業代を支払えという内容証明が、社長宛てに送り付けられてきた事件がありました。

社長は、未払いの残業代など存在しないし、既に退職して２ヶ月も経過していることから、そのまま放置していたところ、１ヶ月が経過した頃、配達証明郵便で、あるユニオンから、元社員の組合加入通知書と団体交渉の申入書が届きました。

当初の内容証明では、未払いの残業代として２００万円程度を請求していたものが、残業代の請求金額が１・５倍の３００万円近くに跳ね上がっています。

解雇についても、これは不当な解雇であって、精神的損害を被ったので慰謝料を１００万円支払え、加えて有給休暇の未消化分と、解雇されてから３ヶ月分の賃金、おまけに、今後半年くらいは就職できそうもないから、半年分の生活保障金も加えられていて、トータルで１０００万円程度もの請求になっています。

明らかに、内容証明が無視された後に、ユニオンに相談に行き、そこであれやこれやと妄想を膨らまされて、その気にさせられたわけです。麻雀でいうピンフのみの手が、ユニオンの耳打ちで、あっという間に請求ベースでハネ満に跳ね上がった感じです。

これはよくあることです。**悪質なユニオンの場合、組合員に入れ知恵して、夢と希望を与え、膨らますだけ膨らますのは常套手段なのです。**

今回の件では、会社の取締役営業部長が、Ｃの成績不良と度重なる遅刻に業を煮やして、「やる気がないんだったら、辞めるしかないんじゃないの」と言ったところ、Ｃは、「わかりました、もういいですよ、こんな会社、辞めてやりますよ」と言ったので、退職願を提出させたということです。

後日判明したのですが、Ｃの同僚で比較的仲の良かった社員Ｅに、Ｃが組合加入後に連絡してきたそうです。

Eが聞いたところによれば、Cが組合に相談に行くと、「それはまさに退職強要ですね。あなたは解雇されたんですよ。ショックでしたね」と言われ、「ああ、そうか、俺は解雇されたんだ」とその時初めて思ったそうです。

そして、「退職強要されて解雇されたんだから、あなたは相当の精神的損害を受けたんですよね。それも合わせて請求できますよ。それから、有給休暇は残っていなかったんですか？」という感じで、誘導尋問状態で教えてくれて、自分が内容証明に書いた金額より800万円も多くもらえるかもしれないと、ウキウキした気分になったそうです。

そして、E社員に対して、「とても良い労働組合を紹介してあげるから、自分と同じように、会社に対してお金を請求したらどうか」と誘ってきたというのです。

原因は何であれ、このような形でユニオンとの団体交渉が大抵スタートするのです。

◆社長は相談先がわからない

こうして、社長の手元に、見ず知らずのユニオンから配達証明で団体交渉申入書が届くのですが、その時、ほとんどの中小企業経営者は対応に苦慮してしまいます。

労働組合というものに対する知識がほとんどないことに加え、部外者であるにもかかわらず、理不尽な要求事項をこれでもかと要求してくることに対して、対応すべきか無視すべきか、対応するにしてもどうすればよいのか、果たしてそれは誰に相談すべきなのかすら、まったくわからないのです。

最初から裁判を想定して弁護士に依頼することも可能ですが、弁護士であれば誰でもよいかというとそうではありません。

お医者さんに内科や、外科、皮膚科など、たくさんの専門分野があるように、弁護士にも得意分野が明確に分かれています。

当然、この場合は労働事件の経験豊富な弁護士で、なおかつ使用者側の弁護士に依頼することになりますが、残念なことに、そのような弁護士は東京でも非常に数が少なく、地方では皆無ではないかと言われています。

社会保険労務士の場合は、裁判などの代理人になることはできませんが、裁判外紛争解決手続（ADR）制度の代理人や法律的なアドバイスなど、労務トラブルの解決に向けた支援を行うことは可能です。

また、平成27年4月からは、社労士法の改正により補佐人制度が創設され、弁護士と共同受任することで、弁護士と共に裁判所に出廷し、補佐人として陳述することができるようになりました。

これまでは、裁判所の許可を得なければ、社労士が裁判所に出廷して陳述することはできませんでしたし、補佐人申請しても許可が下りない場合もありました。

この補佐人制度を活用することで、労働審判や訴訟に発展して弁護士に依頼するにあたって、紛争の経緯や、自ら望む解決方法を改めて説明する手間も省け、弁護士にとっても、出勤簿や就業規則などから、裁判用の資料を作成する手間が省け、スムーズに裁判に引き継ぐことが可能になります。

また、労働委員会の実務に豊富な経験を持つ社会保険労務士も、やはり非常に数が少ないのが現状です。

それで、たまたまインターネットで、「団体交渉対策」とか、「ユニオン対策」などのキーワードで検索して、当事務所のホームページを見て、ご連絡いただくケースが圧倒的です。

ご相談にいらっしゃる社長に聴いてみると、右も左も全然わからないし、どう対応すればよいのかわからないというのがほとんどです。

第4章

ユニオンへの初期対応はこうする！

◆団体交渉には応じる。でもすぐにサインはしない！

初めてユニオンから団体交渉（団交）の申入書が届いたといったご相談では、結論としては、**「団体交渉は受けた方がいいですよ」**とアドバイスをします。

ユニオンに加入された時点で、もう既に不利な状態なのに、団体交渉に応じないとすると、ケースにもよりますが、さらに不利な状態をつくることになりかねないからです。

ユニオンは、会社が団体交渉にすぐに応じないだけで、二言目には「不当労働行為だ」と言ってきます。不当労働行為の判断を下すのは組合ではありませんから、とんでもない言いがかりだと思います。

団体交渉を拒否したことに、正当な事由があると判断されたケースというのは、次のようなものがありますが、これらはもちろん裁判をやった上での判断ですから、もうそれこそ裁判を覚悟で闘わなければならなくなります。

・労働組合の単なる協議機関や連絡機関にすぎない組織からの団交の申入れを拒否
・組合が組合員数さえも明確にしないままの団交の申入れを拒否
・会社役員の病気、支店の開設などの行事のため、差支えが発生したことから団交開催日時の延期を求め、結果的に当初に予定された団交を不開催
・使用者が弁護士に団交への出席を依頼し、弁護士の都合によって組合の希望した団交開催日より遅延
・大衆団交と称して組合員の多数が団交の席に立ち入り、使用者側の交渉員を悪罵するなど正常な話し合いが期待できない場合に団交拒否
・肉体的な限界を超えるほど長時間にわたる団交を強要する場合に団交を拒否
・組合が団交の席上、大声で使用者を罵倒したり机を叩くなどの威嚇的態度に出た場合、その後の団交を拒否

それと、団体交渉のレベルで解決できるのならば、こじれにこじれて裁判までやることを考えると、ほとんどの場合、会社の負担は少なくて済みます。

ですから、「まずは団体交渉には応じて、相手の要求を聞くだけ聞いて、それに誠実に回答してください。それが義務です。ただし、組合の要求を承諾する法的義務は、一切ありません」とアドバイスするのです。

団体交渉には応じて誠実に答える。ただし、絶対にその場ではサインしないことです。その場の雰囲気で、**労働協約という契約書にサインするのは止めましょう。**

最初の例のように、**労使間の合意文書の表題が「確認書」「覚書」「議事録」といったものであったとしても、労使双方が署名または記名押印したものであれば、労働協約とされてしまいます。**

労働協約にサインしてしまうと、その後一方的に不利な交渉を強いられるだけでなく、会社経営の舵取りさえ奪われることになりかねないのです。

団体交渉を拒否し続けた場合の結果は、ユニオンが労働委員会に不当労働行為の救済申し立てを行い、労働組合法第７条２項の団体交渉応諾義務違反で不当労働行為となれば、「速やかに団体交渉を行いなさい。かつ、この経緯をしたためた謝罪文を会社の入り口に貼り出しなさい」と、労働委員会から救済命令が出されることになります。

別段、逮捕されたり、罰金が科されたりするわけではありません。

しかし、こうした救済命令をもらう前に、団体交渉には応じてください。

会社に必要なのは、**解決を目指して誠実に説明義務を果たす**ということです。問題解決のために誠実な努力をする義務があるだけなのです。相手方を納得させる義務まで負っていません。

それだけ果たせば、少なくとも団交応諾義務違反になったり、不誠実団交というレッテルを貼られたりはしません。

しかし、要求が実現しない限り、団体交渉の場を求められたり、ビラには書かれたりしますが、そんなことは気にしないことです。

また、団体交渉では、**労使間の慣行（ルール）が非常に重要視されます**から、最初の団体交渉のやり方、つまり、団体交渉を行う場所や、日時、人員、交渉事項は、事前に必ず文書でもらうなどして、十分に検討して臨むことが重要です。

基本的ルールは、何も決まっているわけではありません。今からお互いが合意で決めることになります。

そのあたりをこれから説明していきましょう。

◆団体交渉への参加者は？

労働者が外部のユニオンなどに駆け込んだ場合、ユニオンの立場はどのようなものになるのでしょうか。

この場合、ユニオンは、代理人ではなく当事者になります。組合ですから、同じ仲間（同志）だということです。

企業内組合であれば、当事者というのはなんとなくしっくりきますが、ユニオンなどの部外者の場合は、せいぜい代理人だろうと思うのが普通で、当事者などと理解できる経営者はほとんどいません。

どこの誰とも知らない人間が、突然、赤の他人の個別の労務トラブルに、当事者として首を突っ込んでくるのですから、素朴に疑問に思うのは当然です。

しかし、**団体交渉における参加者については、労働組合側も会社側も、交渉権限を委任できる者の範囲には、何ら制限はありません。**

会社側は、役員や人事担当者等の社内の人間のみで出席することが多いのですが、もちろん会社が団体交渉に出席を依頼した者であれば、弁護士や社会保険労務士、あるいはそれ以外の者でも出席することは可能です。

ただし、弁護士の場合は、その先の労働審判や裁判が本来の業務であって、団体交渉にまで出席するケースはかなり少ないようですし、ほとんどの社会保険労務士も団体交渉への出席にはかなり消極的です。

したがって、社内の人間のみで対応するケースが多いのですが、ここには**社長や代表者が必ず出席しなければならないといった決まりはありません。**

組合は、必ず社長を出席させろとか言ってきますが、そんな必要はありません。**団体交渉への出席者は、労働条件などについて交渉する権限を有する人であればよいのであって、人事課長や総務課長であっても誰でも一向に構いません。**

ただし、団体交渉の内容について、全て社長に確認してからでないと答えられないのでは、労働組合から間違いなく「子供の遣いか！」「不誠実団体交渉だ！」と主張されます。

一方、**組合側の参加者は、上部団体の役員や、他の組合の役員、地域労働団体（地区労等）の役員、弁護士、一般組合員、団交事項に関係する組合員などが出席します。**

ちなみに、ユニオンの陣容というのは、トップが執行委員長であり、副執行委員長、書記長、副書記長などの役員がいますが、必ずしも専従でやっているとは限りません。
余程大きな組合を除けば、多くの場合、専従はいません。いても、１～２人程度です。その他は通常、どこかの会社に勤めていたり、別に本業を持ちながら組合の活動をしています。
また、高年齢者や主婦等の無職者で、今では労働者でない人、つまり、元労働者も参加して来ます。

ユニオンの事務所自体、誰かが常駐している方が少なく、電話しても留守番電話になっているケースが多いですし、連絡は携帯電話ということが多いです。余分な人員を確保できるような余裕はないようです。

ですから、団体交渉に専従以外の人で労働者が参加する場合は、半休や丸一日の有給休暇を取って参加してきます。「本当にご苦労様」と言いたくなります。

何か部外者の集まりのような感じですが、これはお互い様とも言えますし、ここはさほど問題にしても仕方ありません。

どうせ、誰が出席しても、代わり映えしませんからね。

◆団体交渉での議題は具体的に！

団体交渉を受ける以上は、ユニオンに誠実に対応するためにも、団体交渉での議題を明確にしておく必要があります。

団体交渉の議題については、組合と事前に書面で明確にしておき、会社としての考え方を持って臨むようにした方がよいでしょう。

ここでのポイントは、**具体的な協議事項を明確にしておく**ことです。

例えば、「これからの組合員の労働条件について」等のように、抽象的な団体交渉議題を挙げてくる場合もあるのですが、そんな場合は、いくらでも協議事項が膨らんでしまうことになりかねません。

ですから、「残業代の未払い」、「有給休暇の消化」等、どのような要求をするのか、具体的な項目を事前に明確にしておくべきです。

また、**団体交渉の場において、議題にないことを新たな要求として、突然言い出してきたような場合であれば、まずは事前に文書で要求事項として出すことを求めましょう。**

団体交渉の協議事項とするかどうかは、それを見てじっくり検討してから文書で回答する、とすべきでしょう。

相手が何か突然言い出してきても、団体交渉の場で回答できないことについては、社内に持ち帰って検討するということは、まったく問題ありませんので、**くれぐれも安易な回答だけはしない**ことです。

また、労働組合の団体交渉事項については、基本的には組合員の労働条件その他の待遇についてのみ団体交渉権を有しています。

ですから、個別の労働紛争での解雇事案などは、本筋の交渉事項ではないのですが、労働条件を拡大解釈して団体交渉を申し入れてくるのです。

個別の組合員の昇進、昇格については、会社の専権事項であり、団体交渉事項ではありません。この点は、「団体交渉事項にならない」と労働組合に主張してください。

ただし、組合員の資格に影響を及ぼすような昇進・昇格（管理職に昇進・昇格させて組合員資格がなくなる場合）に関しては、不当労働行為という主張につながる場合がありますので注意が必要です。

それから、労働組合の団体交渉権は、当該組合員の労働条件のみです。非組合員の労働条件などについては、団体交渉権を有していないのは当然です。

◆団体交渉の人数は常識の範囲で

団体交渉の参加者の人数としては、できればお互い3～4人程度で行えれば、変な混乱

もせずに比較的スムーズに話をすることができます。事前にそういった要望を伝え、決めておいた方がいいでしょう。

しかし、そのような要望を伝えても、まったく従わないユニオンはたくさんあります。

多勢に無勢の団体交渉で、無差別に大勢が発言したりすると収拾がつかなくなりますし、それでは対等な交渉とは言えません。大衆団交として会社側は正当にその団体交渉を拒否することができます。

ですが、その辺はユニオンもわかっていて、ほとんどの場合は、たとえ大勢の人数を動員したとしても、実際に発言するのは少数に限ってきます。

発言者が少数に限られていれば、大衆団交とまでは言えなくなります。でも実際には参加者全員が不規則発言をしてくるケースがほとんどです。

しかし、数をバックに威圧感を与えるためだけに、たくさん集めてくるだけですから、何も恐れることはありません。

なぜなら、数で威圧するのが目的なので、そのための人集めにかなり無理をしている感があって、「烏合の衆」と言っていいくらい、寄せ集め集団といった感じなのです。

エプロンをしたおばさんや、スーパーの袋を持った買い物帰りのおばさん、作業服のまま工事現場から駆け付けたおじさん、大学生かフリーターのようなジャージ姿の人、それから、競輪の選手みたいなピタッとしたウェアでヘルメットを被った人まで混ざっていたこともありました。

そんな人達が、さらに威圧感を増幅させようと、赤いゼッケンのようなものを一様に着けていたりするものですから、申し訳ないのですがそのルックスを見て、ついつい吹き出してしまったりすることもあります。だからまったく怖くないんです。

冗談みたいな話ですが本当です。おそらく「何時からどこで団交やるから、みんな集まれ～！」みたいな感じで、携帯とかメールで動員しているのだと思います。

◆団体交渉の場所は公的な施設で！

団体交渉の場所については、**組合の会議室では絶対に受けてはいけません。**

理由は簡単です。組合の会議室では、せっちん詰めにされる可能性があるからです。「解決しない限りここから出さないぞ」といった具合に。

もちろんそれは、**逮捕監禁罪**のおそれがあるのですが、会社側の出席者が逮捕監禁罪なんて知らないとか、すぐにパッと出てこない人もいっぱいいますから、向こうの会議室に行くのは絶対に止めましょう。

団体交渉が初めてという不慣れな状況で、その場の雰囲気にも押されてしまいますし、なんといっても時間無制限でやられてしまいます。

それから、**会社の会議室も団体交渉には使用してはいけません。**

組合員を社内に入れることによって、社内での組合活動を認めたみたいなことを後から言ってきたり、さらなる拡大解釈をしてくる可能性があります。

それに、こちらもダラダラと時間無制限になりがちです。

ベストなのは、**公的機関の会議室などを借りて、時間を限定してやる**ことです。

調べてみると結構ありますし、もしなければ、一般の貸し会議室でもよいでしょう。

公的機関の会議室は、10人くらいまでを収容できる広さの部屋なら、2時間1000円以内くらいで借りることができます。

広さは10人くらいまでを収容できれば十分です。

これなら相手が20人も動員してきたとしても、物理的に入れませんから、「残りの人は外で待っていてください」と普通に言えるわけです。

それでも諦めず、強引に二十数人が無理矢理、中に入ってきたことがありました。

テーブルを挟んで向かい側の椅子に５人座って、残りの人達はその後ろで、ギュウギュウ詰めで立っているんですが、それでも入りきれなくて２列になっていたりして、もうそれは凄まじい状況です。

しかも、エプロンのおばさんやら、競輪の選手やらが押し合いへし合いしているのですから、もう何の会場だかわかりません。想像してみてください。

以前、「貸し会議室ではどうしてもダメだ。会社の会議室でやらないと団交応諾義務違反とする」みたいなことを言い出す組合がいて、仕方がないので、労働委員会の場所を借りてやったことがありました。

労働委員会なら、組合も断りようがなかったのです。

第三者が立ち会って行う団体交渉を「立ち会い団交」と言いますが、この時には団交の場に、労働委員会の職員が座っていました。

もちろん、労働委員会の職員は何も発言しないのですが、よりによって、そこで繰り広げられた団交がかなり酷くて、「お前は馬鹿だ！」「ふざけるな、この野郎！」「うるさい、お前は黙っていろ！」とか、双方、それはもうすごいものでした。
労働委員会の職員も苦笑いです。

◆団体交渉の開催時刻と時間

団体交渉の時間帯ですが、**もう既に退職している元社員などが駆け込んだ場合というのは、会社の都合のつく時間帯であれば、いつでもいいと思います。**もう既に会社を辞めているわけですから、会社の業務時間中でも、その後でも特に問題はありません。

ところが、在職中で、例えば未払い残業代の請求をしてきたりとか、有給休暇の未消化分はどうだとか、セクハラみたいな問題の場合は、絶対に勤務時間中に行ってはいけません。

それは、勤務時間中の労働組合活動を認めたと言われてしまう可能性があるからで、それをどんどん拡大解釈して、勤務時間中の労働組合活動を認めたのだから、当然、賃金を支払うということも認めているんだと、必ずそう言ってくるんです。

在職中の社員の団体交渉は、勤務時間中は絶対に避けるべきです。

団体交渉に要する時間は、例えば「19時から最大2時間」というように、区切っておくことです。ダラダラ交渉しても、何もいいことなどありません。

前項でも書きましたが、公的な会議室を2時間程度の時間を区切って借りるのがベストなのです。

◆団体交渉に応じられない時

さて、団体交渉の申入書が届いたとして、その開催希望日時にこちらの都合が合わないことがよくあります。

大概、ユニオンは、自分達の都合がいいように、直近の期日を指定してきますが、都合がつかないのですから、**無理にそれに合わせる必要はありません。**

その場合は、応じられないのですから、「その日は応じられない」と返事をすればよいのです。

ここで注意すべきことがあります。その返事を連絡する手段についてです。

ファックスだけで返信していた場合、そのファックスを受け取っていないとか言って、わざとらしく当初要望した日に、組合が来たりすることがあります。もちろん、会社は都合が悪くて来られないという結果になります。

そうすると、お得意の「団交応諾義務違反だ！」とか、「不誠実団交だ！」とか言ってくることになります。

ですから、**組合への連絡は、ファックスと配達証明郵便でする**というのが鉄則です。

内容証明にまでする必要はありませんが、ファックスだけではなく、配達証明郵便で、ちゃんと配達したという証拠を残しておくことが重要なのです。

それから返事の内容ですが、「何月何日は会社の業務上差支えがあって受けられません」というだけではいけません。**必ず代替日を1つ2つ入れておくようにしましょう。**そうすると、きちんと誠実に対応したということを会社は主張できます。

もう、ユニオンは何でも言ってきます。代替日を入れていなかっただけで、「団体交渉応諾義務に違反している」とか「不誠実団交だ」とか「組合嫌悪の感情のある回答だ」とか、平気で言ってきたりするんです。

いずれにしても、たかだか団体交渉に応じるだけですから、期日を延ばすこと自体、意味がありません。少なくとも1ヶ月ぐらいの間には予定を入れないと、労働委員会などでも、それは会社が不誠実な態度ではないのかと言われてしまうかもしれません。

◆書面だけの団体交渉

また、書面だけのやり取りで、実際の団体交渉をやらないというパターンもあるかもしれません。

しかし、案件の内容にもよると思いますが、書面のやり取りだけで、電話がかかってきても一切応じないといった対応には、問題があると思います。

不誠実団交だとか、団交応諾義務違反だとか言われても仕方ないかもしれません。

ですから、やはり結論としては、準備を整えた上で団体交渉をやることになります。

第5章

これが団体交渉の実態！

◆いざ団体交渉が始まると

事件にもよると思いますが、そもそも、団体交渉というのは、会社側がやりたくてやるものではありません。特にユニオンが相手の個別の労働紛争などはそういうものです。

ユニオンがやりたいからやるんですから、当然、ユニオンにイニシアチブがあるわけですよね。ですから、会社側は黙っていたっていいくらいです。

黙って聞かれたことについて、必要最小限、誠実に答えればいいのであって、特に1回目の団体交渉では、どんなことを要求してくるか、事前に協議事項などを書いてもらいますから、まったくわからないではないのですが、まずは聞く立場です。

それなのに組合側は、まず議事の進行から始まって、何もかも論理的に進められる人なんて非常に少ないのです。

法律的な質問にも、まともに答えられません。それが労働基準法でなく、自らのことを定める労働組合法であったとしてもです。

ですから、団体交渉が始まった直後から、嫌な空気の沈黙が続くというケースが、ものすごく多いのです。

だからといって、その時に、営業出身の社長とかが痺れを切らして、ペラペラしゃべり出してしまうと、思いもよらぬところで足元をすくわれてしまうこともありますので、注意が必要です。

会社側は、いくらしゃべっても何の得もありません。あくまでも組合がやりたくてやっているものに付き合ってあげているだけの立場です。**質問されたことに必要最小限答えて、後は黙っていれば十分です。**沈黙が続くのは、お互いに罰が悪いものですが、それはそれで構わないのです。

そもそもイニシアチブを取るべきはユニオンなのですが、こんなケースもありました。

ある地方のデザイン会社の団体交渉だったのですが、団交会場に入って行くと、そこには初顔合わせのユニオンの書記長と執行委員2名、それからユニオンに駆け込んだ元社員と称する合計4名が既に着席していました。

まずは、形式ばかりに名刺を差し出すと、なんと名刺を持っていないんです、4人とも。「あなた達にとって大事な交渉じゃないいんですか？　この先、連絡しなくてもいいんですか？」と聞きたくなります。

まあ、事前の書面で出席者はわかっていましたし、ユニオンの団体交渉では、名刺も持っていないのはよくあることですから、あまり気にする必要はありません。

それで着席すると、お互い顔を見合わせて、じぃーっとそのまま固まっていたのです。お互いに見つめ合ったままで。まるでおじさん達の合同お見合いです。

5分くらい経って、あまりに滑稽なので、「団交をご希望されたのは組合さんだから、組合さんの方からお話を切り出してください。よろしくお願いします」と、こちらから言ったんです。

そうすると、鳩が豆鉄砲を喰らったような感じで、「おおっ、そ、そうですか……」みたいな反応をされました。

それでやっと、交渉スタートです。

こういうことは、団体交渉では、まったく珍しいことではありません。

組合から要求事項を棒読みしてくることもあれば、こちらから事前に用意した回答をこちらも棒読みすることもあります。

ここから先は、ケース・バイ・ケースです。

ただし、会社側はあくまで、必要最小限の発言に留めることです。

通常は、事前に決めた団交事項について、１時間半程度協議して、次回の期日を決めたり決めなかったりしてお開きになります。会場の都合もありますので。

◆団体交渉でのユニオンのパフォーマンス

退職社員のユニオンへの駆け込みのような場合、ほとんど100％の確率で、その駆け込んだ本人も同席してきます。

ユニオンは困っている労働者に入れ知恵して、当事者として団体交渉に出席しているのです。

団体交渉の場において、人数を集めたり、パフォーマンスを演じることで、社長が自分の会社が洗いざらしにされて、何か徹底的に糾弾されるのではないかとビビッてくれれば、それは組合にとって好都合なんです。

そして、社長がビビればビビるほど、短い時間で、高い金額で解決できる可能性があると思いますから、特に初回や、2回目の団体交渉というのは、ユニオンも気合いを入れてパフォーマンスをしてきます。

しかも、駆け込んだ本人も同席していますから、本人の目の前で、組合が会社を徹底的にとっちめてやれば、本人もスカッとするし、組合とすれば、そういう頼りになるところを見せられれば、後々、本人に対する請求もしやすくなるというからくりです。

そうすると、会社の方も反応して、この元社員は、何度注意しても懲戒処分を与えても、相変わらず規則を守らず迷惑もかけるし、今後もまったく改善の余地がないから解雇は正当なのだと、エキサイトしたりすることもあります。

◆パフォーマンスの本当の狙い！

組合としては、会社側が、駆け込んできた本人の前で「こういう悪い点があった。また別のこういう悪い点もあった」と、あらゆる本人の至らぬ点について説明すればするほど、金銭解決をする時に、本人への説得が楽になります。

お互い妥協点がないと解決しませんから、解決しないことを組合も望みません。
しかし、本人が納得しないことにはそれは難しいんです。

本人が妥協しなければいつまでも解決しませんから、最終的な局面では、「会社の言うことなんて100%信じるわけではないけれど、そうはいってても君にも悪いところがあったんだから、これくらいで妥協しないと厳しいぞ。もう早く終わりにして、次の会社で頑張った方が、君のためにはいいんじゃないか」といった具合です。

そんな説得材料を、会社が組合と本人の前で出してくれるのですから、組合としては、団体交渉をすることは、解決に向けて一石二鳥なのです。

もともと小さな話を大きく膨らませて、組合に加入させる。
そして、団体交渉で激しくやり合えば、きついことを会社が言ってくれる。
そうすると、それを後で組合員を説得する材料にして、ある程度のところで決着させる。

これが一部の賢いユニオンのビジネスモデルなのです。

◆団体交渉は建前の場？

しかし、団体交渉だけでは埒が明かない、会社もなかなか譲歩しない、そういうケースが普通です。

会社側は会社側で、「この社員はこんなに酷いんだ」とか、「残業代を払わないのはこういう理由なんだ」とか、会社側の都合を言うんです。

組合側は組合側で、「労働基準法によれば、おたくの会社はこんなにも残業代を払っていない」「今回の解雇は客観的、合理的な理由がない不当な解雇なんだ」などと、組合側の都合を言うわけです。

しかし、団体交渉というのは、お互いが解決するための材料を提供する建前の場なのです。

団体交渉だけで問題解決するということは、100%と言っていいほどあり得ません。

団体交渉で、言い合うだけ言い合って、3ヶ月とか4ヶ月程度揉み合って、材料が出尽くした頃を見計らって、「この辺でそろそろ収めた方がいいんじゃないでしょうか」と合図を送ってくる組合もあります。

ここで、団体交渉ではなく非公式の場で、会社側と組合側が、解決に向けた具体的な話し合いを本音で行うことになります。

当事者がその場にいると、冷静になれず、溝はなかなか埋まらないものです。労働組合は一応当事者ですが、本来部外者なのですし、目的は明確ですから、本当の当事者を除く第三者同士で、問題解決のために前向きな話し合いをするわけです。

こうして話がまとまっていくのですが、団体交渉はそのためのプロセスなのです。この建前のプロセスが重要なのです。

いきなり金銭交渉にはなり得ませんから、当然、いきなり着地することはありません。飛行機と同じです。飛行機も着陸するためには、着陸先の天候を把握して、高度を下げて、減速して、タイヤを下ろしてといったプロセスが必要なのであって、それがなければ不時着とか墜落です。

パンの材料は、小麦粉とイースト菌とバターと調味料ですが、パンをつくるには、これらの材料をただ混ぜるだけではダメですよね。じっくりとその生地をこねて、発酵させて、時期が来るのを待って、仕上げに小麦色に綺麗に焼き上げるのです。

これと同じように、ユニオンとの問題を解決するには、団体交渉というプロセスが重要なのです。

◆ユニオンが早期解決を目指す理由

ユニオンは、なんとか自分達の手の内にある間に解決したいと考えています。

これは当然、金銭解決が前提の話であって、企業側も結論から言うと、煩わしさや精神的な負担はともかくとして、多くの場合、経済的にはメリットがあるのです。

もし、団体交渉において、会社側とどんなに頑張っても決着できなければ、次のステップに進むしかなくなります。

団体交渉の次のステップは、労働委員会です。まず都道府県の労働委員会で決定・命令が出て、それに不満があれば、次は中央労働委員会で争うことになります。

ここまでが、労働組合の手の内であって、ユニオンも当事者として参加できるのですが、ここから先の労働審判や本訴ということになれば、労働組合もお抱えの弁護士に依頼しなければならなくなります。

弁護士を入れると、和解であっても判決であっても、会社から金銭が支払われる場合は、通常、弁護士の口座に振り込まれることになります。

そうなると、一旦弁護士の口座に入ってから、訴えてきた個人の口座に入り、その本人から組合に振り込んでもらわなければならなくなりますから、回収リスクがすごく高くなります。

前にご紹介したユニオンが組合員を訴えた話（48ページ）のように、組合員から振り込んでもらえないかもしれません。

自分の手の内で解決に至れば、通常は、組合の口座に振り込まれます。そこから、いわゆる自分の手数料を差し引いて、残りを本人に渡せばよいのですから、取りっぱぐれはありません。

さらに、やろうと思えばいくらでも取れるんです。前出のケースだって、初め「２割はもらいますよ」ということは伝えていたはずでした。

しかし、問題が解決すると、解決までに何回の団体交渉をやったから、それぞれ何人動員して、交通費がいくらかかったとか、どんどん膨らんでいったわけです。

後からなんとでも言えたりするんです。

当初２割のはずだったのが、結果４割になり半分になっちゃったとか。

でも、本人としては文句の言いようがありません。自分1人では取れなかったかもしれないのですから。

それで不服なら、今度は組合員が会社相手ではなく、組合に対して訴訟でも起こさない限り難しいですから……。

第6章

ユニオン対策のポイントは不当労働行為！

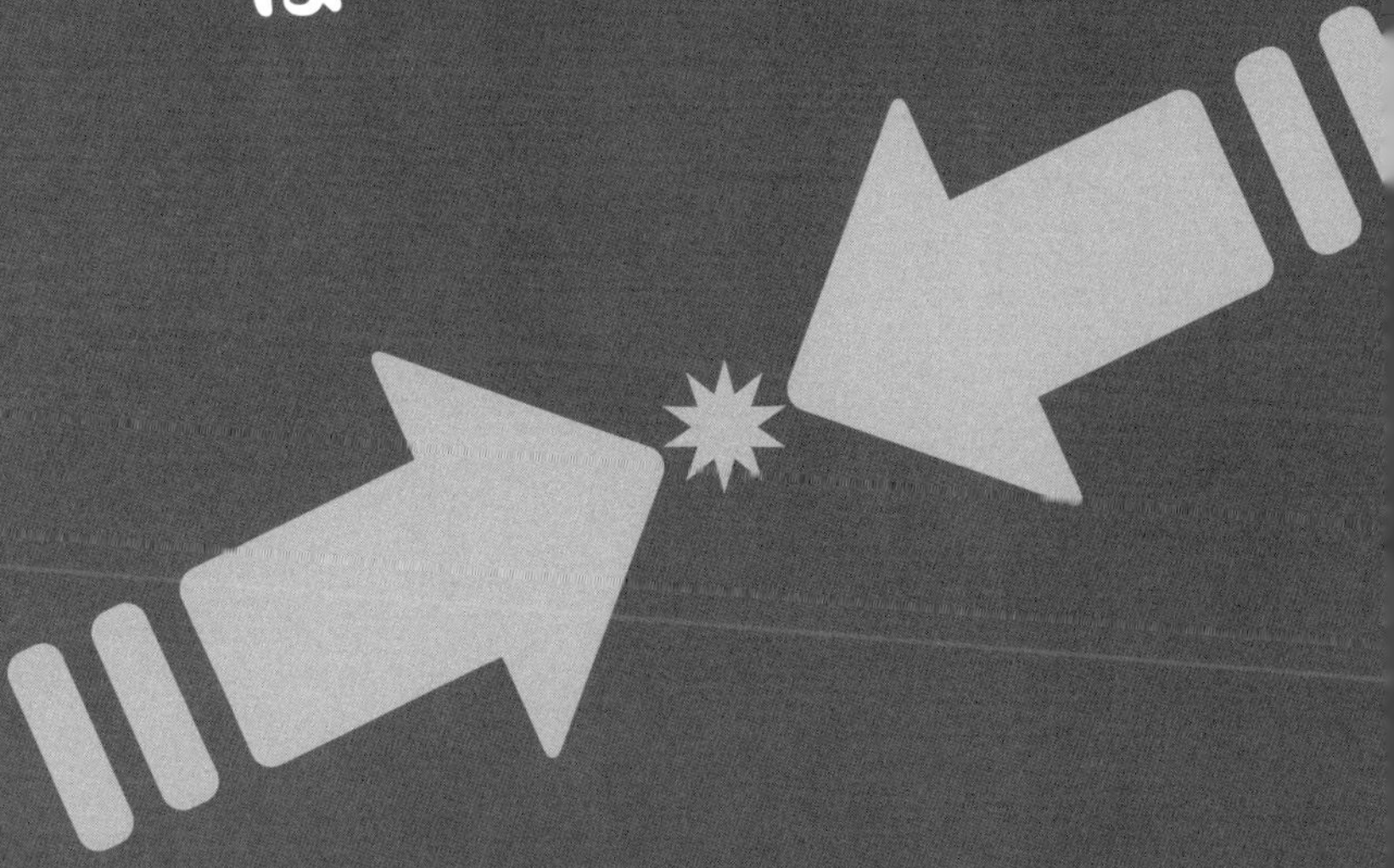

◆不当労働行為ってナニ？

団体交渉でうまくいかないと判断した場合、ユニオンは、**労働委員会のあっせん**という、書面などをあまりつくらないで済む手っ取り早い方法があるので、通常はこちらの制度を使ってきます。

事件の性質によって、あっせんでは社長も引っ張り出せないなとか、ちょっとまずいなと思うと、**労働委員会に不当労働行為の救済申し立て**をすることもあります。

ただし、不当労働行為の救済申し立てというのは、あくまでも観点は、会社が組合を弱体化させたとか、組合員に対する不利益な取り扱いをしたということを認めさせないといけないので、会社を退職してから駆け込んで組合員になったような場合は、その理屈は使えません。

そもそも、トラブル発生時に組合員ではなかったわけで、そういう事件の場合は、労働組合法第7条1号による不当労働行為の救済申し立てはできません。

不当労働行為というのは、労働組合法第7条で規制されているのですが、大まかに言えば次の4つしかありません。

- **組合員であることを理由に、不利益な取り扱いをしてはいけないということ。**
- **不誠実団交といって、不誠実な団体交渉を行ったり、団交応諾義務違反といって、団体交渉に正当な理由もなく応じないのはダメだということ。**
- **支配介入といって、組合弱体化のための行動をしてはダメということ（会社が何か組合に対して行動しようとすると、大体この支配介入だと言われてしまう）。**
- **労働委員会にあっせんとか不当労働行為の救済申し立てを行ったことを理由に、不利益な取り扱いをしてはいけないということ。**

解雇された人間が駆け込んできた場合には、解雇された時にはまだ組合員ではなかったわけですから、組合へ加入したという公然化前なので、こじ付けても不利益取り扱いなどと言えません。

それでも、同志の問題であり、「団交を受けないのは不当だ！」とか「組合活動を阻害している！」みたいな、詭弁を弄してやってくる場合もあるのですが、組合もかなり苦しいわけです。

でも、やはり自らの正当性を主張して、気の利いたセリフも言えず、会社を威圧するために、「不当労働行為だ！」「不当労働行為だ！」と、繰り返し声高らかに言ってくるのです。

ハワイなら「アロハ」、年賀状なら「謹賀新年」と同じ、常套句なんです。

◆組合員を解雇してしまったら？

会社には解雇権がありますから、会社都合で労働者を解雇することは自由です。実務的には解雇は不自由ですが、本来、解雇は自由なのです。

それでは、どこかのユニオンに加入した組合員を、会社が組合員以外の社員と同じ基準で解雇した場合はどうなるでしょう。

組合で活動している人間を解雇したということは、組合員への不利益取り扱いとか、支配介入とかで、不当労働行為の議論になるわけです。

他の社員とまったく同じ基準で解雇したといっても、決して当該解雇は組合員を狙い撃ちしたものではないと主張しても、間違いなくこの議論になります。

こういうケースでは、ユニオンは、労働委員会に、不当労働行為の救済申し立てを上げてきます。

この不当労働行為の救済申し立ての場合で、申し立てが認められた場合には、原状回復命令といって、「職場に戻せ」という命令が出されます。これが厄介なんです。

通常の裁判であれば、労働者としての地位があるか否かの訴訟なのですから、会社側が負けた場合、労働者としての地位はあるというところまでであって、働かせろというところまではできないんです。ですから裁判で会社が負けて、労働者の地位はあると判決が出た場合は、変な話ですが、賃金さえ払っていれば、働かせるまでの必要はないのです。

ところが、労働委員会の方は、原状回復命令というものなので、理論的には働かせなければいけないことになるのです。だから厄介なのです。

そうなった時には、完全に信頼関係が崩壊していますから、今まで通りに働かせるというのは、困難な話です。

◆組合員を解雇して不当労働行為が認められるとこんなに痛い！

裁判や労働委員会で、労働者としての地位が確認されたり、原職復帰命令が出た場合、例えば、解雇して1年半が経過していたとすると、その1年半についても労働者だったということになるので、その分の賃金を支払わなければなりません。これをバックペイと言います。

裁判や労働委員会で、お金も時間も精神的な負担も負って、1年半も頑張ってきたのに、結局、その間の賃金を支払わされ、解雇したはずの組合員が戻ってくるのです。振り出しに戻るわけですから、最悪です。

さらに、労働委員会で原職復帰命令が出た場合、賃金の問題だけでは終わりません。

会社はその命令に不満があれば、行政訴訟を起こして命令の取り消しを求めることになるのですが、最終的に裁判所で、その取り消し請求が棄却され、判決が確定した場合、会社が、それでも原職復帰命令に従わないと、1年以下の禁固、100万円以下の罰金ということになるのかもしれません。

それではたまらないので、原職に復帰させようとしても、さすがに元の部署に戻すのは如何なものかということで、異動の命令を出せば、組合は黙っているはずもなく、不当な異動命令だと、会社に団交を求めてくるでしょう。

ユニオンが介入してきて、初期の対応を誤ると、もう、このようにぐちゃぐちゃな状態になってしまう可能性もあるんです。

ただし、このような事例は多くありませんので安心してください。

いろんな感情が噴出してきて、なかなか冷静に判断することは難しいと思いますし、受け入れ難い気持ちは十分理解できるのですが、**早い段階での金銭解決が可能であれば、善悪でなく損得勘定で割り切るのが一番かもしれません。**

◆団体交渉の次のステップは？

団体交渉でまったく埒が明かなかったら、労働委員会のあっせん、または不当労働行為の救済申し立てです。それでもダメなら、最終ステップとして、弁護士に頼んで司法の場です。

その場合は、いきなり訴訟になる場合もありますが、最近は、まずは労働審判をやって、それから訴訟という順番が多いようです。

なぜなら、労働審判は３回の期日で、和解前提で行われますが、訴訟の場合は、途中で和解できなければ判決まで行く可能性があって、嫌でも時間がかかるんです。

そもそも労働審判には適さない、最初から本訴の方が向いている事件というのもありますが、今は大体、労働審判に行くケースが多いと思います。

訴訟では、一審の判決が出るまでに、平均で11・8ヶ月かかると言われていますが、弁護士などの感覚では、一審の判決が出るまでに1年半ぐらいかかると言われます。

それから、労働審判から先は、代理人には弁護士しかなれませんから、労働組合もお抱えの弁護士にお願いするしかありません。

当然、会社側もそれは同じことなのですが、弁護士が扱うということになれば、双方共に、それなりの費用と時間と精神的負担も必要になるわけです。

第7章

ユニオン問題の解決に向けて！

◆解決における会社側と組合側の決定的な違い！

ユニオンが絡んだ事件が解決に向かう時、双方の間で大きく異なるのは、労働者側というのは、労働事件の場合は、何らかのお金をもらって終わるということです。

会社側の勝訴と棄却・却下の割合は33％、労働者側の勝訴が17％、途中和解が50％というのが現実です。

和解の場合は、お金は会社が払うことになりますから、そうすると、事件の半分以上は、会社がお金を支払って終わるということになるのです。

ですから弁護士費用については、労働者側は初めの着手金というのは、わずかでもいいのです。そもそも依頼者はお金を持っていませんし、何らかのお金をもらって終わりますから、その時の成功報酬で2割、3割というふうにしているのです。

会社側は違います。普通はお金を払って終わりです。和解であろうが、判決であろうが、無傷で終わることは、ほとんどありません。

労働事件は、ほとんどが和解で終わります。もちろん、社長を殴ったとかいう場合は別ですけれど、そういうことでもない限り、従業員がお金を払って和解するなどということはあり得ません。和解の場合は、会社が何がしかのお金を払って終わるしかないのです。まったく酷い話ですけれども。

結局は、どの時点で終わったとしても、ほとんどのケースで金銭解決するしかないと言えます。

ただ、当事者の感情的なものであったり、納得感であったりとか、どうしてもその辺が残ってしまうわけで、それと金額との兼ね合いということになるのではないでしょうか。

中には、それこそ意地になって、最後の最後まで争うケースもあります。特に労働者側がヒートアップしてしまうことが多いです。

でも大半は、もういいかげんに終わりたいと思っているはずです。経済的な判断というか、損得勘定で……。ここら辺の感覚というのは、やはり経営者の方がしっかり持っているからだと思います。

◆最終的に金銭解決となる理由！

「なんだ、結局は金銭解決しかないのか」と思われるかもしれません。

しかしながら、交渉の仕方を間違ってしまうと、必要以上に高額の解決金を支払わされることもありますので、しっかり着地点を想定して交渉する必要があります。

解雇理由が弱くて裁判で負けた場合、なぜ金銭解決になるのかというと、その理由は民法に定められています。

日本は、民事事件だったら民法第709条の**「不法行為」**とよくいうではないですか。

「故意又は過失によって他人の権利又は法律上保護される利益を侵害した者は、これによって生じた損害を賠償する責任を負う」という民法の代表的な条文です。

要するに刑事事件でない限りは、金銭賠償なのです。

故意、過失で損害が発生したら、それは金銭で賠償する責任を負うということになっているわけです。だから、解雇だってその延長線なんです。

会社が他人（労働者）の法的権利を害したとユニオンは言うんです。

会社は害したつもりはないのだけれど、ユニオンは害したと言うんですから、最終的には金銭で賠償する道しか、日本の法治国家の制度としたらありません。

労働者の地位がどうだこうだという話になると、目先の金銭解決ということではないように思えるかもしれません。

しかし、組合にがんじがらめにされ、いろんな要求を飲まされ、ぐちゃぐちゃになったとしても、いつか最終的には金銭解決して終わるのです。

例えば、交通事故の被害者は、不法行為で加害者に損害賠償請求をすることになります。交通事故で最悪の死亡事故が発生してしまったら、取り返せない命は、金銭で賠償するしかないんです。

ですから、労働者としての地位がなくなったって、最終的には金銭しかないんですよ。

このような話を組合に言うと、組合は、「いや、人間として労働者としてのプライドがあるんだ」とか、「物と同じに扱うな」とか言ってきます。

人が物ではないことくらいわかりますが、結論としては、信頼関係も崩壊してしまった以上、最終的には金銭解決ということにならざるを得ないのではないでしょうか。

◆一か八かの危険な賭け

ユニオンへの対応というのは、その案件、相手の組合、組合の担当者等、様々な要素によって変わってきます。

教科書的に言えば、本来はこうした方がよいだろうと思えるような場合でも、実際には効果がなかったり、逆に、これはまずいと思えるようなことでも、結果としては良かったということがあります。

要するに、人間同士の交渉ですから、やってみないとわからないという面があるわけです。

教科書的には、例えば相手の首に切っ先を突き付けるようなことは、少なくともこちらからクライアントに薦めるようなことはできません。

一歩間違えると、取り返しのつかないことになりますし、そこまでは私が保証できるはずもありません。

しかし、社長の鮮烈な決断で、結果オーライとなることだってあるのです。

考えられるリスクや過去の経験則によるお話というのは、もちろんクライアントにさせていただくのですが、最終的に判断するのは社長です。

あまり詳細に説明することはできませんが、状況的にはかなり会社側の分が悪く、訴訟になれば勝ち目のないような状況で、ユニオンも絶対にその点では折れないぞと言っていた案件がありました。

それは、3人の組合役員の処遇に関する問題です。

会社側は、一歩間違えると、問題が社内全体に波及し、会社の存続まで危ぶまれる大問題に発展するリスクがあったのですが、その社長は、3人の組合役員を解雇するという究極の決断を下して強行しました。

しかし、結果としては、2回目の労働審判で金銭和解で解決しました。社長の究極の決断が功を奏して終わったのです。

まさに、一か八かの決断だったのです。教科書的にいったら0点だけれども、会社のリスクを相手も十分承知している状況の中、敢えて自分達ののど元に切っ先を突き付けてきた、その社長の真剣勝負の迫力に、相手が屈したのかもしれません。

このようなケースは稀です。危険ですから真似しないでくださいとしか言いようがありません。

ただ、交渉というのはマニュアルがあってないようなものだということです。

マニュアルを超えた驚きの対応をして、初めて本当の解決ができる場合もあるのかと、非常に考えさせられた一件でした。

でも、決してお薦めはできませんので、くれぐれも軽率な行動は控えてくださいね。

◆ユニオン介入で、社長が会社をやめた！

ある賃貸マンションの販売会社で、ユニオンに介入されたことにより、結果的に会社を解散してしまった事例があります。

社歴はそんなに長くはないのですが、創業時から社長が信頼していた幹部社員など3人が、残業代が未払いになっているから2年間分を支払えと、ユニオンに加入して団体交渉を申し入れてきたのです。

ある大手の不動産会社から独立して、やっと従業員が50人程度の規模まで拡大してきたのですが、最近は販売実績が芳しくなく、幹部社員の賃金を引き下げたのが、もともとの原因です。

社長は、創業時から幹部として信頼していた3人で、賃金もそれなりに支払っているつもりだったこともあり、管理監督者として残業代は支払っていなかったわけです。

しかし、賃金が引き下げられて、やはり生活が苦しくなったという部分もあるのかもしれませんが、賃金引き下げから3ヶ月経過したあたりで、突然、ユニオンから配達証明で団体交渉の申入書が届いたそうです。

それから、3～4回団体交渉を開催したのですが、相手はまったく譲歩する姿勢を見せませんでした。

残業代が2年間遡ると400万円あるとか、残り2人は300万円ずつあるとかで合計1000万円から一歩も引かない上に、賃金引き下げというのは、自分達が合意して引き下げられたのではなく、会社側が一方的に引き下げたのだから、その差額分もバックペイしろと言い続けて来るので、毎回平行線のまま終わるしかないわけです。

管理監督者の問題は、テレビのニュースなどでも大きく取り上げられていましたから、組合員達はかなり強気で、絶対に譲歩してきませんでした。

さらに、このユニオンは、別件で管理監督者の案件を抱えており、こちらは裁判になって、第一審で勝っている実績があるので、余計に強硬姿勢を崩さなかったのでしょう。

社長にしてみると、その幹部達には、必要以上の待遇を与えていたつもりだったのと、残業とはいうものの、仕事をしているとはとても思えないような状況だったらしく、何度団体交渉を行っても、まったく譲歩しないことに、かなり苛立ちを感じていたらしいです。

当事務所には、この時点でご相談に見えられたのですが、既に社長は、会社経営に対する意欲をなくしていました。

社長からの相談は、これから団体交渉で、なんとかして解決したいということではなく、こんなふざけた社員に金を払うくらいだったら、とっとと会社を畳んで、残った資金は自分の退職金として受け取りたいというものでした。

この社長はオーナー社長で、会社の全株式を持っていましたが、会社法では3分の2以上の株を持っていれば、いつでも解散決議はできます。

それに、憲法第22条で職業選択の自由と営業の自由が保障されています。それは社長であっても同じことです。

結局、社長は会社を解散する道を選択しました。

社長の人脈を使って、残りの社員全員は、同業他社への再就職が決まりましたが、問題の幹部社員達は、どこの会社も引き取ってはくれません。それはそうですよね。

ユニオンと一緒に、最後まで一方的な要求を突き付け、３００万円から４００万円の残業代を平気で取れると確信してやったのが、結局は、会社解散における整理解雇ですから、１ヶ月分の解雇予告手当だけしか受け取れなかったという結末です。

しかも会社は解散して、もう給料ももらえませんし、年齢的に再就職も困難な状況です。ミイラ取りがミイラになってしまったような結末です。

第8章

実録!ユニオン事件解決までの記録 その1

それでは、労働トラブルが発生してから、ユニオンに加入され、団体交渉を経て解決に至るまでの実際の具体的な事例をご紹介しましょう。

このような事件は、事情も状況も全て異なりますから、細かく見れば事件ごとに、その成り行きも多種多様なのですが、ページ数の都合もありますので、もっとも代表的なパターンと、その応用編をご紹介します。

トラブルの内容は違えど、ほとんどの事例が、これからお話しするような事例と同様の流れが想定されますので、是非、参考にしてください。

◆解雇による駆け込み事件が発生するまで

退職または普通解雇した元従業員が、ユニオンのホームページなどを見たり、地域の労働センターなどに相談に行き、ユニオンに加入するというのが、ユニオンが絡む事件の典型です。当事務所での相談件数も、一番多い事件です。

いきなり、見ず知らずのユニオンから団体交渉の申入書が届いたり、会社内に踏み込まれると普通の善良な市民は、大変驚きます。
しかし、案外、解決までは、早かったりするケースも多くあります。
ここで紹介するのも、そんなケースの１つです。

平成○年○月○日、当事務所に付き合いの長い顧問先の副社長さん（飲食業）から電話が入りました。

副社長さんの話を要約すると、今年の初めに、10年勤続の男性従業員に、日頃の勤務態度が良くないことを指摘し、「店長として、部下に示しがつかないからちゃんとしろ！」と注意したところ、口論となり、彼が「朝から晩までこき使っているくせにそんなこと言うなら辞めればいいんだろう！」と言うので、「勝手にしろ！」と言ったら、そのまま会社から出て行ってしまったとのことでした。

その後、うんともすんとも言ってこないので、仕方がなく残りの給与に１ヶ月分足して、

2月末に振り込んだそうです。

これで終わったと思ったら1ヶ月くらい前に、〇〇ユニオンと記載された文書がファックスで送られてきて、人相の悪い3人が本社に来たそうです。

◆当事務所でのご相談

勝手に退職した従業員のことだし、考えると鬱陶しいので無視しようと思ったそうですが、当事務所のニュースレターに、たまたまユニオンの話が掲載されていたのを見て、「もしかしてこれかな?」と思い、電話したとのことでした。

さっそく、ユニオンから届いた文書を、事務所にファックスしてもらいました。

「あーぁ、〇〇ユニオンで、担当は××か」

何度かあたっているユニオンであり、担当者です。

翌日、事務所に副社長さんに来てもらい作戦会議です。

副社長さんは、困惑と怒り、そして、こんな変な団体の言うことを聞く必要があるのかと疑問を抱えながら複雑な感情を滲ませ、お出ししたコーヒーを飲んでいます。

まず、事情をお尋ねしながら、着地点をご説明します。

「なーんだ、最後は、やっぱりそれか。それなら、会社で利益を上げる方が何倍も大変だよ。心配して損しました。でも、面倒くさいですね」

1時間後には、笑顔で事務所を後にされました。

始まったばかりですが、方針が決まれば80％決まったようなものです。

◆ユニオンの要求事項

要求書を確認すると要求事項は、次の通りです。

①　今すぐ解雇を撤回すること。
②　入社以来の未払い残業代を精算すること。
③　年次有給休暇の残日数を相当の金銭で買い取ること。
④　副社長のパワハラ発言を撤回し、謝罪すること。
⑤　雇用契約書、就業規則、３６協定のコピーを組合へ提示すること。
⑥　その他雇用に関する事項について。

目一杯の要求です。でも、要求は自由ですから、気にする必要はありません。この事件、真に職場に戻りたいのか、お金が欲しいのかを団体交渉で感じるだけです。

団体交渉の日時設定は、もう辞めて職場にいませんから、昼間でもいいのですが、副社長とは、団体交渉後に反省会と称して美味い焼肉を食べることになっているので、16時スタートで設定しました。

場所は、公共の施設を格安で借りました。会社の参加者は、副社長さん、課長さん、私と担当者の４人です。

◆団体交渉のスタート

16時を過ぎましたが、ユニオンが来ません。15分遅刻して、当事者の元店長を含む５人が入ってきました。

遅刻を詫びる様子でもないので、「16時から待っているんですわ。ゴメンくらい言ってくださいよ」と言うと、担当者は悪びれることなく「すみません。ちょっと場所で迷いました」と言いながら名刺交換後、「さあ、始めますか」と言いました。

実は、この担当者、いつも、遅れてきます。常套手段です。

そして団交開始早々、「こんな解雇は認めない！　解雇を撤回しろ！」です。もう、いきなりです。

私「待ってくださいよ。○月○日に○○さんが辞めるって言ったんですよ。ねぇ、副社長」

副社長「そうです」

私「解雇じゃないですよ」

ユニオンの参加者「ウソつけ！ 辞めろって言ったんだよ、副社長は！」

副社長「ウソなんて言ってませんよ。失敬な！」

私「そうだ。そうだ」

◆会社から回答は

こんな感じで始まった団体交渉ですが、会社は、概ね、次のように回答しました。

①の解雇については、当然、合意退職です。
②の未払い残業代などはない。あると言うなら請求する組合が立証してください。
③の退職された方に年次有給休暇の請求権などありませんから、金銭で買取りなどしません。
④のパワハラなどしていないので言いがかりは止めて、そちらこそ謝罪してください。
⑤の組合への提示は、社内文書なので公開しませんので悪しからず。
⑥については、具体的に要求してもらわないと回答しようがないので、次回の団体交渉までに文書でください。

このように、淡々とお答えしました。

ユニオン側は、参加者全員が不規則発言をしてきました。どの団体交渉の場でも、必ず、参加者の全員が発言したがります。これだと話はまとまりませんよね。まとめたくないんですかね。不思議です。

まあ、初回の団体交渉は、こんな感じで終わりました。

その後、美味しい焼肉を食べながら反省会を行ったことは、言うまでもありません。

◆団体交渉では、はっきり「NO」でOKです

事件の種類にもよりますが、3、4週間以内に次回の団体交渉の日時を入れます。格別、初回の団体交渉の終了時に決める必要も義務もありません。

初回は、双方が言いっぱなしでも、特に困ることはありません。立場が違うんですから、見解の相違があることの方が、一般的です。

2回目の団体交渉も初回と似たような展開となりますが、一度、交渉を持っているので、ユニオンへの驚きや違和感が、随分、薄れてくるでしょうね。交渉事は、慣れが一番大事です。

事例の団体交渉に話を戻しましょう。

やはり、２回目もユニオンは遅刻してきました。

今度は、当事者と担当の２人です。動員の都合がつかなかったかどうかは不明ですが、ユニオンは、初回が大事だと考えているということでしょう。

なお、団体交渉の場では、会社は、主張すべきことは、堂々と主張すればいいと思います。会社が有利に取引できるように交渉するだけです。

例えて言うと、会社は、ユニオンから労働条件について、新規に営業されるのとほぼ同じです。

提示された条件が「ＮＯ」なら「ＮＯ」でいいんです。

しかし、「ＮＯ」の理由を説明することが求められることと、買わないから帰ってくれと初回から言えないですし、決め付けもちょっとまずい、ただそれだけのルールです。

でも、ユニオンから面談のアポイントが入ると、正当な理由がなければ拒否できません。

つまり、場を設けて、面談を受けてやり、プレゼンを聞いた上で受諾するかどうかの説明を何度もすることになります。

しかし、譲れないことは譲らなくていいのです。

あくまでも、会社は、ユニオンの主張を聞いた上で回答および説明、並びに反論することになります。

これは、団体交渉という交渉ですから、必ず合意に至らなければいけないわけでも、その義務があるわけでもありません。

◆ユニオンは必ず不当労働行為だと言ってくる

会社が回答したことに、ユニオンから納得できないと主張されても、納得に至るように誠実に説明することが求められているだけで、結果的にデッドロックとなり決裂しても、それはそれで致し方ないことです。

ユニオンは、不誠実団交であり、不当労働行為と必ず主張してきますが、心配することはありません。

会社として、誠実に団体交渉に応じればいいんです。

きちんと誠実に団体交渉に応じていれば、不当労働行為の救済申し立てをされても、救済命令が出ることは、まずないでしょう。

なぜなら、このような救済申し立て事件は、全国で年間、新規で三百数十件程度しかありませんし、そのうち70％程度は、和解で簡単に終了してしまいます。

ユニオン側とすれば、会社を準司法的機関である労働委員会に引っ張り出すことで、交渉を有利に進めたいだけであり、単なる嫌がらせにしか思えません。

◆解決の模索

団体交渉という公の場だけでなく、団体交渉前の事前交渉・予備交渉をすることもあります。

それに、労使紛争解決のために、当該組合員が同席しない場所で、非公式で折衝することもあります。

例えば、会社の担当者がユニオンの事務所へ行って、ユニオンに解決案を提示するケース等です。

このように団体交渉以外の場も活用して、問題解決を模索することになります。

今回の団体交渉も、さすがに3回目くらいになると、合意に向けて話を詰められるところと相入れない対立点が明らかになってきました。

今更、会社に戻せませんし、本人も別の会社で働き出したことはわかっています。

3回目の後に、元従業員の基本給や勤続年数を参考にしながら、解決金交渉の上限を副社長と相談します。

結局、ユニオンと会社の提示金額の間を取ったところで解決金の金額が決まりました。最後の金額は、こんな感じで決まります。これで終わりです。

◆解決したら必ず合意書を交わす

労使紛争のゴールでは、ユニオン・当該組合員・会社の三者間で、次のような合意内容を記した合意書を取り交わします。

① 双方の雇用関係は、○月○日、円満に合意退職で終了したこと。
② お互いの債権債務関係が一切ないこと。
③ 解決金として、金員○○○円を指定期日までに、ユニオンの指定する金融機関のユニ

オン名義の口座に振り込むこと。
④　合意内容をみだりに口外しないこと。
⑤　この件に関して、今後、名目の如何を問わず、民事および刑事上の請求も一切行わないこと。

会社が、指定期日までに、ユニオンの口座に解決金を振り込めば全て終了です。当事者ともユニオンともご縁がなくなります。

これで本当に終わりです。安心してください。

退職・解雇に関する問題で、当事者がユニオンに駆け込み加入後、団体交渉の申し入れがあった場合は、ほとんど、このケースのように進行し、解決金をユニオンへ振り込んで幕が引かれます。

第9章

実録！ユニオン事件解決までの記録 その2

◆事件発生までの経緯と労基署の臨検

こちらでは、労基署の臨検から労働審判へ、そしてユニオン加入、支部の結成、労働委員会の不当労働行為の救済申し立てなど、盛りだくさんで少々複雑な事例を応用編として紹介しましょう。

舞台となったのは、東京都に本社を置き、埼玉県北部の複数の工場で、お弁当やお惣菜の製造を行い、大手スーパーマーケットを中心に販売展開している従業員50人程の会社です。

これまでは、スーパーや取引先の各店舗まで、直接商品を配送する必要があったため、自社に配送部門を設け、数人のドライバーに配送業務を行わせていました。

ところが、最大の取引先である大手スーパーの都合で、商品の納品先を一ヶ所に集約されることになったため、配送業務については激減し、結果、勤続30年近いN従業員１人を残し、他のドライバーは工場勤務へと異動させることになりました。

しかも、数ヶ月後には、この大手スーパーに次ぐ別の取引先との契約が、終了する予定になっていたため、配送部門の廃止と運送業者への外注を会社は検討していました。

そんな矢先、たまたま労基署の定期監督と思われる臨検が入り、その中で、唯一残ったドライバーNに対する運転手当の運用に対して是正勧告があったため、会社としては納得いかないものの、再度計算の上、一旦、Nに支払いを行い、是正報告を行いました。

ただし、会社はこれまでNに対し、残業代相当分として、１日分の配送に対して１万円の運転手当を支払っており、Nへの賃金が結果的に過払いとなってしまったため、その年と翌年の賞与の支給を行わずに調整を行いました。

１日分の配送に対して１万円の手当ですから、運転手当だけで月額20万円を超える金額を支払っていたことになりますから、会社の気持ちも理解できます。

ところが、この措置に激怒したNは、労働審判を申し立て、会社に対して未払いの残業代と賞与の支払いを要求してきました。

結果、会社は穏便に解決するため、労働審判委員会から提示された和解案の金額を相手方弁護士に支払うことで和解したのですが、配送部門の廃止を考えていた会社は、その時の合意事項として、運転手当は残業代相当分として支払うことへの再確認と、今後は一定の配送量がない日は、配送を外注するものとし、Nは工場での作業に従事することへの同意を得ました。

◆ユニオンへの加入から支部の結成

ところが、このままでは配送業務が激減し、20万円を超える運転手当が、今後もらえなくなることを危惧したNは、今度は、一人でも入れるXユニオンに加入し、会社に団体交渉を申し入れ、配送業務の継続や、工場作業日にも運転手当相当分を保証しろとか、休日は土日でなくても構わないので、自分が休みたいときに休める勤務体制にして欲しいとか、自分勝手な労働条件の変更を要求してきました。

会社は、配送部門の廃止と、Nの工場勤務への異動を予定していましたし、そのような身勝手な要求にはとても応じることができないため、対応に苦慮しつつ、その後、団体交渉の申し入れがないので、この件は放置していたそうです。

するとその後、NとXユニオンは、他の従業員を勧誘し、なんと全従業員の過半数の従業員が組合員となり、Nを支部長とするXユニオンの支部を結成したという公然化の通知が、会社に送られてきたそうです。

一時とはいえ、短時間でこの人数を組織化するとは、別の能力を持っているかもしれません。業務の中で発揮すれば、もっと違った人生も開けたでしょうに……。

会社としては、突然、過半数労働組合が社内に出現したのですから、驚きを隠せません。

社長と専務は、過激な組合によって、会社を滅茶苦茶にされるのではないかと心配し、会社も自宅も全て奪われてしまうのではないかくらいの恐怖を覚えたそうです。

でも、それは少し考え過ぎです。今のご時世では、そこまでのことはあり得ませんから何らご心配なく。

ということで、この時点で、当事務所に社長と専務、総務部長さんが来られて、当事務所が相談を受けることになりました。

まず、団体交渉の申し入れが来ていますので、応じる必要があります。しかし、問題は、団体交渉の開催場所です。組合員は全員、埼玉県北部の工場で働いていますから、団体交渉の開催場所に埼玉工場の食堂を指定してきています。

ところが、会社の本社は池袋であり、Xユニオンも池袋駅から電車で20分です。支部は、埼玉県北部で群馬県に近く、池袋から2時間近くかかります。

彼らは、支部組合員全員参加の団体交渉を求めてきました。しかし、団体交渉における交渉の当事者はXユニオンです。Xユニオンが参加すれば事足りますし、30人近い組合員が参加する団体交渉など、単なるショータイムであり、そのような大衆団交に付き合う義務はありません。ですから、会社が求めた団体交渉の場所は、池袋です。

このような事情で、団体交渉の開催場所について、いつまで経っても折り合いが付かず、第1回目の団体交渉が開催されるまでに、2ヶ月以上も揉めてしまいました。

◆支部結成後の団体交渉

結局、すったもんだした挙句、支部結成後の第1回目となる団体交渉は、池袋駅近くの貸会議室で行われることになり、いよいよ開催の日を迎えました。

会社側の出席者は、専務、総務部長と私、当事務所のスタッフの合計4名ですが、組合側は支部の組合員5名、その上部団体のXユニオンや、そのまた上の上部団体Yユニオンの委員長や役員など8名の合計13名という熱の入れようです。このように人数で圧力をかけてくるのもユニオンの常套手段です。ちなみにXユニオンとYユニオンは、名称は違いますが、同系列の組織です。

まず、組合側の要求は次のようなもので、さすがに前回のようにNの自分勝手な個別の要求とは異なり、一見して通常の集団的労使紛争的な、多くの組合員を対象とした内容になっていました。

① 定期昇給が行われていないので、毎年3月に定期昇給を行うこと。
② 工場長に残業手当を支払うこと。
③ 組合員の異動を行う場合は、組合と事前協議および事前合意すること。

④　事前協議合意約款、ユニオンショップ協定、チェックオフ協定を締結すること。
⑤　会社の施設や備品の組合利用を認めること。
⑥　就業規則を組合に手交すること。

要求内容は、いつもユニオンが要求してくる、どこにでもあるお決まりの内容です。
会社としては受け入れ難い事項なので、誠意をもって説明責任を果たすしかありません。

そしてこの後、2回目の団体交渉の申し入れが来るのですが、またしても団体交渉の開催場所の件で揉め、ようやく2回目が催されたのは、1回目が終了した2ヶ月後となりました。要求内容は、平行線のまま次回に持ち越しです。

3回目の団体交渉も、相変わらず開催場所の件で揉め、やはり前回終了から2ヶ月後の開催となりました。

そして迎えた3回目の団体交渉ですが、組合側は相変わらずユニオンの委員長や役員とN支部長を筆頭に、支部の組合員数名も参加して、人数で圧力を掛けてきます。

この時の団体交渉では、36協定の期日が迫っているため、その協議を議題として申し入れしました。しかし組合は、組合の全ての要求事項を会社が呑まない限り、36協定は締結しないの一点張りです。話になりません。挙句の果てには、譲歩して、1件合意できるごとに、期間1ヶ月の36協定を結んでやるなどと暴言を吐く始末です。結局、3回目の団体交渉も平行線のまま終了することになりました。

◆労働委員会への不当労働行為救済申し立て

3回目の団体交渉が終了して1ヶ月が過ぎた頃、ユニオンは、東京都労働委員会に、不当労働行為の救済申し立てをあげてきました。

埼玉県労働委員会ではなく、なぜか東京都です。であれば、団体交渉も最初から池袋でやればいいものをなどと思ってしまいます。

請求してきた救済申し立ての内容は次のようなものです。

①　団体交渉の開催場所を東京にするのは不誠実な対応であり不当労働行為なので、今後の開催場所は埼玉県の工場周辺にすることと、これまで組合側が負担した交通費などを支払うこと。

②　N支部長に対する不当労働行為への謝罪と、時間外労働ができなかったことによる遺失利益を支払うこと。

③　不当労働行為に対する謝罪の掲示を行うこと。

今回のように、ユニオンから『不当労働行為救済申立書』が労働委員会に提出された場合、労働委員会から『不当労働行為調査開始通知書』という書面が会社に送付されます。

これは、労働委員会が正式に調査を開始することや、会社が準備しなければならない書面などが記載されたお知らせです。

代理人と補佐人の申請は、今回、会社は代理人弁護士を委任しないため、専務と総務部長および当事務所が調査期日に出頭できるよう、私とスタッフの補佐人申請を行います。

まず、会社側は、不当労働行為救済申立書に対する答弁書を作成し、ユニオン側の申し立てに対して認否を行うことになります。会社はもちろんユニオンの勝手な言い分に対して否定し、労働委員会に対して申し立てを却下するよう要求しました。

会社は答弁書の中で、①に関しては、当事者はXユニオンであり、団体交渉では支部の組合員の意見を集約してXユニオンの委員長が交渉しているのだから、埼玉県で団体交渉を行う必然性はなく、双方の当事者にとって都合の良い池袋で開催することに合理性もあり、何ら問題はないということを主張しました。

②の、Nへの不当労働行為というのは、少しややこしいのですが、Nの行っていた配送業務というのは、配送に要する時間が、法定労働時間内では完了できないため、配送業務を行う日は、必然的に残業が発生するという図式でした。

ところが、ちょうど団体交渉を行っていた時期に、３６協定が有効期限切れとなり、組合はそれをいいことに、自分たちの要求を会社に呑ませるための交渉材料として、３６協定の締結を拒否しました。これにより、１ヶ月程の３６協定を結んでいない空白の期間が生まれてしまったわけです。

当然、この空白期間は、残業を伴うNへの配送業務命令を発することはできず、結果としてNの運転手当も支払われなかったのですが、それを不利益取り扱いとして、遺失利益と称して請求しているのです。

したがって、組合自らが３６協定の締結を拒否したわけで、組合の判断結果によるものなので、会社には責任がないということを、当然主張しました。

③については、前述の通り会社には何ら問題がないので、謝罪の掲示の必要はないと主張しました。ちなみにこのような謝罪の掲示を『ポストノーティス』と呼びます。

まずは、以上のような主張をして、ユニオンの提出した不当労働行為救済申立書を棄却するよう求めた答弁書を提出し、その後、第１回目の調査期日に向けた準備書面も作成して提出しました。

この準備書面は、答弁書よりもさらに詳しくこれまでの経緯と事実に関する主張を記載し、それを裏付ける証拠（書証）と共に、調査期日までに労働委員会に提出するもので、これにより労働委員会も、調査期日までに双方の言い分をある程度把握しておくことができるわけです。民事訴訟の手続きとほぼ同じです。

ユニオン側は、会社の提出した準備書面の内容を見て、なぜ配送業務を廃止しなければならないのか、ある一定量がなければ配送業務を外注するとした根拠は何か、また、既に労働審判で合意しているはずの、運転手当を残業代として支払うことについてまで、蒸し返して求釈明を求めてきました。

◆労働委員会の調査期日

東京都労働委員会での第1回目の調査期日が始まりました。会社側からは、これまでの団体交渉と同じく、専務、総務部長と私、当事務所スタッフの4名が出頭し、ユニオン側はXユニオンの委員長、Yユニオンの委員長、そしてN支部長の3名が出頭して行われました。

東京都労働委員会は、西新宿の都庁第一本庁舎南塔37階と38階にあり、調査期日もこの38階で行われます。支部長のNは有給休暇を取得して、埼玉県北部からわざわざ出頭してきたものと思われます。配送業務に就く唯一のドライバーが有給休暇を取得しても、業務には何ら支障をきたすことはありません。

不当労働行為の審査では、学識経験者等の公益委員、労働組合の推薦による労働者委員、使用者団体の推薦による使用者委員を各1名ずつ、合計3名が担当委員としてあたります。

さて、第1回目の内容はというと、初回なので、主に担当委員に対して、双方がこれまでの経緯や主張を説明することに終始し、最後に担当委員から、次回までに相手側の主張に対する反論を準備するように伝えられて終了となりました。双方の主張は真っ向から対立していますから、全く噛み合いません。

そして、第2回目の調査期日に向けて、双方が新たな準備書面を作成し、概ね1ヶ月後に、第2回目の調査期日が行われます。

このような形で、毎月のように準備書面の作成と調査期日を繰り返すことになりますが、第3回目の調査期日の辺りから、争点は、最初にユニオンが求釈明を求めてきた配送部門を会社が廃止しようとする正当性や、外注に出した場合の損益分岐点などに移り、当初の不当労働行為の救済申し立て内容とは、かなり違った方向に展開していきました。

しかし、会社としては、重要な経営判断に基づいて行っているものであり、N1人のために、不採算な配送業務を継続することもできず、大手スーパーに次ぐ別の取引先との契約終了時期に合わせて、配送業務からの完全撤退と外注化を考えていました。

このように、ユニオンは「配送業務を続けろ」、会社は「廃止する」といった主張の繰り返しで、これが延々に続けられました。

この流れの中で社長から、「問題を解決するために、Ｎが円満に退職するのであれば、中退共による退職金とは別に、年収分（12ヶ月分）を上乗せして支払ってもよい」という退職和解の話が出てきました。

現在進行形で労働委員会の調査が継続していますので、準備書面にも、この解決策を記載し、かつ、３者委員に対しても、「今回の救済申立内容とは違いますが、早期解決に向けての会社提案としたい」と申し入れを行いました。

労働委員会は、できれば和解で終了することが最良の解決策と考えています。

あえて、非公式事務折衝や団体交渉の場ではなく、組合が労働委員会に救済申し立てをしたその場での退職和解の提案であれば、支配介入や頭ごなし交渉とも言われず、会社の真意も伝わるでしょう。

結構時間が経過したこの時期、「撃ち方、止め！」のタイミングで提案をしました。

しかし、XユニオンとYユニオンの役員に対し、会社の配送業務からの撤退と、Nに対する退職金の上乗せによる合意退職について、会社の意向を打診しましたが、Xユニオンの委員長は、憤懣やるかたないといった調子で「お金と引き換えにN支部長の首を差し出すようなことはできません。論外の提案です」と一蹴してきました。

しかし、円満解決に向けて、再度、検討して欲しいと忘れずに伝えておきました。

さて、労働委員会での6回目の調査期日のあたりで、既に1年を経過していますが、大手スーパーに次ぐ取引先との契約が終了する6月いっぱいで、配送業務から完全撤退することを正式に決定し、ユニオンに通知しました。

これに対してユニオンは、会社の配送業務撤退を見合わせるよう労働委員会に勧告してもらうため『実行確保の措置』を申し立てると共に、団体交渉の開催も要求してきました。

実行確保の措置というのは、労働委員会が組合の主張を認めた場合、主張に基づく勧告を会社に出すものです。

ただし、その勧告には法的な強制力があるわけではありません。

配送業務の完全撤退についての団体交渉の申し入れが来ていますので、応じることにします。ただし、労働委員会にもかかわっていますので、争点である開催場所は、埼玉工場周辺の集会場に決めました。

当日は、組合員は全員ではないですが、７割方が出席していました。

今回の団体交渉は、延々と「なぜ配送業務から完全に撤退するのか」、Nが「私はまじめにやっている」とか、「どの取引先の誰がNのことを誹謗中傷しているのか」、「会社はNの勤務態度が悪いことについて、注意・指導を行ったのか」、「懲戒処分などされたことはない」などと、Nの独壇場であり、ほとんどがNについての個別の話ばかりに終始しました。

当然だと思いましたが、多くの参加者が「?」、かつ、シラけた雰囲気になってきました。

私　「先日の労働委員会の調査期日でお伝えした社長の提案は、再度、ご検討いただけましたか?」

X　「組合としては、そのような提案を受け入れるわけにはいきません」

私　「そうですか、回答にお変わりありませんか……。ところで、本日、Nさんが団交に出席されていますが、ご本人に直接、お考えを聞けるとありがたいのですが、それは無理でしょうね?」

X　「だったら、本人に直接聞いてみたらいいじゃないですか」

私　「えっ、ほんとによろしいんですか。それでは、組合の承諾がでましたので、お尋ねしますが、Nさん、配送部門の廃止に伴い、あなたが工場への異動に納得できないことに対して会社が提示した、退職金の上乗せ案については、あなた自身どのようなお考えをお持ちでしょうか？」

N「……そ、それは、い、今、退職することなんて考えていません……」

X「わかりましたか。N支部長もこうハッキリ申している通り、組合としては、N支部長の退職和解も認めませんし、配送部門の廃止も絶対に認めません」

会社側は、前回の調査期日で提案した、Nの退職金上乗せによる退職について、再度の検討結果の回答をもらっていませんでしたから、今回の団体交渉の席で、Xユニオンの委員長にNの退職和解の件について、タイミングを見て組合側の承諾を得た上で、Nに考えを聞いてみましたが拒否されました。

Nは現時点で退職する意思がないことを述べ、退職金の上乗せ案も蹴ってきましたが、他の従業員である組合員も同席している手前、自分だけが高額の退職金をもらって辞めるという提案に乗ることができなかったのかもしれません。

会社は一旦譲歩する形で、団体交渉後の労働委員会において、３ヶ月間だけ配送業務撤退の延期をする旨の回答をしました。

そして、延期した3ヶ月の期限が切れる直前に、またしてもユニオンが2回目となる実行確保の措置を労働委員会に申し立ててしてきました。

労働委員会の方から、現在はまだ審査の途中でもあるので、現時点で業務撤退を強行するのはいかがなものか、との意見もあったため、会社はこれまでの丁寧な対応を踏襲し、それではこれが本当の最後だということで、あと3ヶ月だけ業務撤退を延期することにしました。

◆審問

10回以上にもわたる調査期日の後、労働委員会の手続きにおいて『審問』というものが行われることになりました。

この審問というのは、労働委員会が、両当事者に陳述の機会を与え、その意見を聴取する手続きですが、今回の場合は申立人であるユニオンが、被申立人である会社に対して、2名の証人を指名して尋問（主尋問）を行い、その後会社側から、その2名に対して反対尋問を行います。

また、別の審問期日に、今度は会社側が2名の証人を指名し、会社側からの主尋問と、組合側からの反対尋問が行われました。

2回の審問も終わり、審問での内容について、労働委員会が整理するため、改めて調査期日が設けられ、その時点で労働委員会から、双方に対して和解案が提示されました。和解案の内容には、配送業務については、もうしばらく撤退を延期することや、昇給などについても記載されていました。

会社は、これ以上、配送業務からの撤退の延期を行うつもりはなく、労働委員会の和解案を受け入れることはできないため、その旨を労働委員会に伝えました。

和解できないとなると、労働委員会の手続き的には、後日、今回の不当労働行為の救済申し立てに対する判断（命令）を労働委員会が下すことになります。

もし、労働委員会が、今回のユニオン側の申し立てた不当労働行為の救済を認め、和解案と同等の命令が出たと仮定すると、会社がその命令に不服がある場合は、次のステップとして中央労働委員会に再審査の申し立てをすることになります。

そして、もし、中央労働委員会でも不当労働行為を認める命令が出て、その命令に不服がある場合、会社は命令公布の日から30日以内に、救済命令等の取消訴訟を東京地方裁判所に提起し、その後は、高等裁判所、最高裁判所へともつれ込む可能性もあります。

会社が労働委員会の和解案を断ったことで、ユニオンからすぐさま団体交渉の申し入れがありました。内容は、「配送業務からの撤退期限が近づいているため、さらに延長しろ。さもなければ、組合はストライキを行う」というものです。

会社としては、ストライキまで持ち出して脅されても、配送業務からの撤退を曲げるつもりはありませんが、団体交渉にはこれまで通り、誠実に対応することとして、日程調整を行いました。団体交渉の日程は、組合のストライキ実行予定日の前日です。

◆突然の解決

そして今回の団体交渉は、池袋で行う予定です。労働委員会にかかわっている間は、紳士協定で、埼玉工場と池袋での相互開催としています。

会社側からはいつものように、専務、総務部長と私、当事務所のスタッフの４名で出向いていくと、組合側はいつもと様子が違ってＮがおらず、ＸユニオンとＹユニオンの委員長しか来ていません。

様子が変だなと思っていると、すかさずＹユニオンの委員長が、「本日は、団体交渉の前に事前折衝を30分程度行いたい」と申し出てきました。

Y　「専務さん、かなり前にお話しいただいた、N支部長への退職金の上乗せの提案の件なんですがね……、こちらはまだ大丈夫ですかね？」

専務「はい、もちろんです。円満解決を望んでいますから」

私　「具体的な提案内容を聞かせていただいた方が回答しやすいですよね、専務さん」

専務「そうしていただくと最終判断を社長に仰げますからね」

Y　「それは、そうですね。ただし、退職金の上乗せの金額以外にも他に和解するための条件があるんで、この書面を作ってきました」

専務「わかりました。では、書面内容を検討します」

私　「それでは、30分程度時間をいただけますか」

急転直下の展開です。ストライキをするかしないか、究極の判断を求められた時、こんなことが起こるんですね。

ということで、団体交渉の会場である会議室で、和解案の検討を行うことになり、ユニオンの委員長２人には一旦席を外してもらいました。

提案書には、『N支部長への退職金の上乗せとN支部長の合意退職、組合員に対する昇給の実施、チェックオフ協定の締結、団体交渉の場所は、東京と埼玉での相互開催、就業規則の組合への手交、そして、Xユニオンに対する解決金の支払い、東京都労働委員会への不当労働行為救済申し立ての取り下げ』が記載されていました。

すぐに専務は、ユニオンの提案を受け入れる決断を下されました。改めてユニオンの２名を呼び、会社側は今回のユニオンからの提案を受け入れ、和解することを伝えました。

こんな形で、組合のストライキ予定日の前日に、急転直下の展開で、約２年近くも続いた問題が幕引きとなりました。

後日、不当労働行為救済申立事件も和解で終わりました。

代理人がいませんので、準備書面の作成や、証人尋問や反対尋問をしたりと、随分と時間もかかり、作業量も多くありました。

どういう形にしろ、和解で終われば、これが実務的和解なんでしょう。

第10章

知っておきたい、ユニオン解決パターン4連発&番外編!

現在の労働組合を全国中央組織（ナショナルセンター）別にざっくり言えば、最大規模を誇る「○○系」、次に「××系」、そして「△△系」の3つに大別されるようですが、これら労働組合の特色はそれぞれ異なり、団体交渉等での目的や戦略もかなり違っていることが、経験上わかっています。

ということで、最後になりますが、実際の労務トラブルにユニオンが介入してきた場合、そのユニオンがどの労働組合の傘下に属しているのかによって、対応策も変わってきますので、その辺について事例を用いてわかりやすくまとめてみましょう。

◆○○系ユニオン・解決パターン1（田舎芝居型）

まず、○○系ユニオンでよくあるパターンとして、田舎芝居型や猿芝居型、マッチポンプ型などと勝手に呼んでいる、とんでもないパターンをご紹介します。まるで信じられないウソのような話ですが、実によくあるパターンです。

○○系ユニオンは、ことさら全従業員の組合員化に全精力を注ぎます。そのために彼らが知恵を絞って考案したシナリオがこれです。

ある地方都市で、西日本を中心に大きく事業展開しているサービス業での事例です。

例のごとく、ある日突然、○○系ユニオン（以下「ユニオン」）から書面が届き、団体交渉を申し入れて来ました。しかし、そこには具体的に組合員の名前が記載されていません。

会社としては、本当に自社の従業員がそのユニオンに加入しているのかを、最低限確認できない限り、団体交渉に応じることはできないため、全員とは言わないまでも執行役員等の名前だけでも教えて欲しいと書面で回答しました。これはごく当たり前の言い分です。

それに対してユニオンは、「自分達には当事者能力があるから、団体交渉に応じないのは不当労働行為だ。組合員の氏名を公表しなくても会社には団体交渉に応じる義務があり、それを不当労働行為だとした判例もある」などと、とんでもないことを言ってきました。

厚生労働省労政担当参事官室編の『労働組合法 労働関係調整法』六訂新版（労務行政）453ページに、神奈川地方労働委員会の命令で、「自己の雇用する従業員の誰がその組合に加入しているか、少なくとも分会長など責任者外何名が加入しているかという程度の認識を求めんとすること、換言すれば労働組合の代表者又は受託者と言われても組合員名の明示がなければ、その者が果たして自己の雇用する労働者を代表し或いは委任されたものであるか否かを確認する方法がなく、そのために組合員名簿の提出を求め、これが得られないことを理由に団体交渉に応じないとしても、これのみを以って直ちに不当に団体交渉を拒否するものとは断じ難い」とハッキリ記載されています。

ユニオンは、福岡地方労働委員会の、福岡カンツリー倶楽部事件から、「……組合役員名簿、組合員名簿の提出をしなければならないとする法上の根拠はなく……」という自分達の都合のよいところだけを引用しており、その前段にある「もし使用者が自己の雇用する労働者の中に、団体交渉の申し入れを行った労働組合の組合員が存在するか、また存在するとして団体交渉の任に当たる者が果たしてその代表者であるか等に疑いを持つ場合、使用者はその釈明を求めるのは当然であり、労働組合もまた団体交渉の進展を希求する以上、その求めに応じ、組合員の氏名を明らかにすることが望ましい」という、もっとも重要な部分を悪意を持って省略し、言いがかりを付けてきているに過ぎません。

会社は書面で、組合に加入している一部の名前だけでも教えてくれれば、団体交渉に応じる準備はあると、再三、誠実に回答しているにもかかわらず、ユニオンは遂にビラ配りの手段に打って出ました。

会社は改めて、団体交渉に応じるためには、本当に自社の従業員が加入しているのかの確認が必要なため、一人でも名前を公表して欲しいと改めて回答したものの、ユニオンは再度ビラ配りを行い、しかも、驚くことに今度は、「安心して組合に加入してください。名前は会社には一切公表しません」といった内容が記載されていました。

そうこうしているうちに、会社が一向に団体交渉に応じてこないことから、『最後通告』と題する書面を送り付けてきて、「貴社の不誠実な対応には我慢も限界に達したところである。我々ユニオンに加入している組合員の声、すなわち現場の声を無視している状況が続いている。我々は社会正義の観点からも、貴社のような企業を絶対に許すことができない。広く社会に訴えていくための行動を全国的に展開していく！」などと脅してきました。

会社は、どこが不誠実な対応なのかを教えてほしいと言っても、ユニオンは何も明確には答えません。組合員の名前を誰一人明かさず、一方的に団体交渉に応じろと要求してきて、応じなければビラを配り、不誠実だと罵り、会社の問いには何も答えず、さらに脅しをかけてくる。この先どうなってしまうのか、社長も不安になってきました。

こんな書面でのやり取りも7~8回を数え、会社が困惑しているそんな矢先、当該ユニオンとは別の労働組合である、某ユニオンが突然電話をかけてきました。

「お宅の会社は、何かお困りのことはありませんか?」

会社が、これまでの事情を説明すると……

「それは大変なことになっていますね。我々が沈静化のお手伝いをしてあげましょう。そのためには、まずは会社と我々との信頼関係が必要になりますから、従業員全員が我々の組合に加入する暫定労使協定を締結してください。そうすれば責任持って解決してあげましょう。今後、もし××系や△△系のユニオンが来たとしても、我々が守ってあげます」

思わぬ急展開です。まるで、白馬に乗った騎士が、悪党どもを退治しに来てくれたかのごとく錯覚を与え、全従業員を一挙に組合員化しようという目論見です。まったく開いた口が塞がりません。本当に恐れ入ります。

この白馬に乗った騎士に扮して電話をかけてきた某ユニオンというのは、○○系ユニオン有数規模の組織なのです。要するに、同じ○○系ユニオンが共同で画策した、質の悪い自作自演の田舎芝居のような話なのです。

もちろん会社は、そんな話に乗るわけもなく、従業員の名前も明かさない団体交渉にも応じることはなく、結果としては何事もなくトラブルは消滅してしまいました。

詰まる所、本当に当該会社の従業員に組合員が存在していたか否かは不明です。ただし、ユニオンが労働委員会に不当労働行為の申し立てすら行わなかったことから考えると、一人も組合員は存在しなかった可能性もあります。なぜなら、労働委員会から一人くらい名前を明かすよう言われるのは明白だからです。

しかし、こんなお粗末でとんでもないストーリーですが、地方の規模の大きなチェーン店や、従業員数千人規模の全国展開している企業などに対して、本当によく仕掛けてくるパターンなのです。

◆〇〇系ユニオン・解決パターン2（あっさり金銭解決型）

続いては、やはり地方の○○系ユニオンでみられるパターンです。

ある地方の企業の社長が、ちょっとしたことをきっかけに激怒し、勢い余って従業員を解雇してしまい、解雇された元従業員が、地方の○○系ユニオン（以下「ユニオン」）に駆け込んだ事例です。

ユニオンは当然のことながら、不当解雇だとして、解雇撤回を求めて団体交渉を要求してきました。ここまではよくあるパターンです。

会社は、解雇が正当なものであったことを説明するため、当該従業員の入社以来の反抗的な態度や、他の従業員との協調性の問題などを書き留めた解雇理由書を準備して、団体交渉に臨みました。

団体交渉へは、当事者の元従業員本人も出席していましたが、会社側から、今回の解雇についての経緯を説明するため、準備してきた解雇理由書を読み上げたいと申し出ました。

○○系のユニオンというのは、結構、紳士的な対応をするところが多く、会社側の意向に従い、今回も20分以上に渡り、解雇理由書の朗読を黙って聞いていました。

一通り話を聞き終えたユニオンは、「組合としてはこのような解雇は到底承服することはできないが、どうしても復職が困難だというのであれば、何かそれに代わる解決案はあるのですか」と、いきなり金銭和解に持ち込もうとする姿勢を覗かせてきました。

会社は、「解雇は本人の今後の転職活動にも影響するので、撤回することは可能だが、本人を復職させることは困難であるため、退職勧奨による合意退職という形にして、さらに今後の転職活動に伴う、必要な生活資金の援助を行う準備はあるので検討できないか」と打診しました。

ユニオンは予想通り乗ってきて、書面での金額の提示を求めてきたため、後日、月給の数ヶ月分の金額を提示すると、多少の金額交渉はあったものの、あっさり解決しました。

○○系のユニオンは、全従業員の組合員化を目指していますから、既に会社を辞めて復職できないといったような場合は、どう考えても本来の組合員化の目的を達成することはできませんから、さっさとある程度の金額で終わりにした方が得策と考えるのでしょう。

ですから、○○系のユニオンの場合、現実的な金額で、金銭交渉も比較的あっさりしており、振込先も組合員本人の口座に振り込んでくれと言ってくる場合も結構あります。

ところが、××系のユニオンや、△△系のユニオンの場合は、そもそも組合員化が目的という感じではなく、どう見ても金銭目的であることが大半なので、退職させることは問題ないとしても、いざ、金銭交渉になると、賃金の2年分を払えとか、平気で無茶苦茶な金額を要求してきます。振込先口座も当然ユニオンの口座を指定してきます。

もう少し詳しく説明すると、○○系のユニオンの役員などは、専従として働いていることが多く、団体交渉の時にもスーツとか着て、結構きちんとした身なりで現れて来ます。

また、専従ですから、組合活動そのものが本業であり、そこで功績をあげることが昇進にもつながるわけです。給与も組合から出ています。

ですから、彼らの目的である従業員全員の組合員化に成功すれば、おそらくポイントも高く評価されるのでしょうが、駆け込みの解雇問題は本丸と違って評価も低いためか、たとえ解雇理由が不十分だと思われるような場合でも、あまり興味を示さないのは当然です。

さらに、あまり過激にやり過ぎて、組織の信用や名誉を失墜させるようなことにでもなれば、自身の出世にも影響してくるかもしれません。

逆に、××系や、△△系は、一部の組合員を除けば、専従などほとんどいないのか、それこそ作業着姿のおじさんや、競輪選手みたいな格好の人（おそらく自転車通勤での帰りなのでしょう）など、かなり個性あふれるユニークな格好で、本業の帰りなどに団体交渉に出席されています。

また、専従でない組合員は、組合から固定給が支払われるのではなく、新規案件を開拓し、それを金銭解決して報酬を得なければならない、言ってみればフルコミッションみたいなものなのです。

新規の案件だって、そんなにポンポン獲得できませんから、もうガンガンに膨らませて大きく獲得しようと、強硬に来るのも納得できますね。

ただし、○○系ユニオンだからといって、必ずこのようにあっさりと金銭和解で解決すると決まったわけではありません。案件の内容や、ユニオンの担当者、対応方法によっては、まったく異なる展開になる可能性もあるので注意してください。

余計なお世話ですが、解雇された元従業員も、目的に応じて、駆け込むユニオンを選別すれば、もっと異なる結果になっていたかもしれませんね。特に金銭目的であればなおさ

らですが。(笑)

◆○○系ユニオン・解決パターン3(責任放棄型　他人任せタイプ)

このパターンも地方の○○系ユニオンにみられるパターンで、前出のあっさり金銭解決型と非常に似ているのですが、ユニオンの担当者によってパターンが異なります。

ある地方都市に支店を構える商社での案件でしたが、当該企業の合理化の一端で、その地方支店を閉鎖することになりました。

そこには、4名の社員が在籍していたのですが、支店閉鎖に伴う整理解雇を会社は予定しており、それにより4名の社員が、○○系地方ユニオンに加盟しました。

ところが、先にもお話しした通り、○○系ユニオンの真の目的は、企業の全従業員を組合員化することにありますから、もう支店閉鎖で消滅することがわかりきった案件だと、まったく食指が動かないわけです。

しかし、困って駆け込んできた人に対して、簡単に断ることもできず、取りあえず会社に対して団体交渉を申し入れてきたといったところです。

有能な担当者であれば、先の例のように、金銭解決でさっさと終わりにして、大きな獲物を求めて次に行くのでしょうが、なかなか頭が固くて問題解決能力のない担当者の場合は、そうは行きません。

団体交渉を求めるまではよいのですが、なにぶんにもやる気の起きない案件ですし、そもそも、その担当者自身に組合員を説得して金銭和解するなどの問題解決能力がないため、ダラダラといつまで経っても解決の方向には進んで行きません。

会社も支店閉鎖をいつまでも待てませんから、期限を定めてユニオンに通知するのですが、いざ期限が迫って来ると、もう自分達ではどうすることもできず、他人任せに放り出してしまうのです。他人任せというのは、労働委員会や、弁護士などに問題を放り投げてしまうことです。

もっと早くから退職に関する金銭交渉を開始するという選択肢もあったのに、ダラダラやって期限切れになり、結局、解雇予告手当に毛が生えた位しか会社から獲得することはできず、ここで放り投げられ、これから裁判です。

会社にとっても鬱陶しい限りです。このように問題解決能力がない担当者にダラダラ引っ張られて、挙句の果てに他人に放り出されるのは、本当に迷惑な話です。もちろん組合員となった従業員にもよいことはありませんね。

このように、担当者の資質によって、パターンが変わってくるものなのです。

◆○○系ユニオン・解決パターン4（責任放棄型　自然消滅タイプ）

こちらのパターンも、〇〇系ユニオンにとても多いパターンです。

こちらは、前出の（責任放棄型他人任せタイプ）と、非常によく似ており、途中までは同じなのですが、やはり責任感がないというか、やる気がないというか、本来の目的である、全従業員の組合員化が無理だとわかると、完全にやる気をなくして、形骸化してしまい、最後には自然消滅してしまうといった、会社には少々都合のよいパターンです。

都内のある運送会社で、数人が中心となり〇〇系ユニオンに加入し、社内組合を結成して公然化し、最初はガンガン組合員を増やして、過半数に迫ろうかという勢いでした。

彼らのやり口として、暫定労働協約などと、勘違いしそうな名前を付け、20項目程度もあるような要求事項を出してきて、取りあえずこの協定にサインしろと言ってきます。

暫定的でも決定的でも、好きなように命名してくれて構わないのですが、何の検討もせず、こんなものにサインしたら、そこでＴＨＥ　ＥＮＤです。

本書の第1章でもお話ししましたが、労働条件や労働環境など、当たり前のようなさりげない要求の中に混ざって、目立たないように「業務命令権」「人事権」「施設管理権」という経営三権に対してまで、組合との事前協議や合意を必要とするような悪魔の文言が、密かに散りばめられているのです。

しかもこのケースでは、全従業員を組合員化するユニオンショップ協定を結ぶことや、他のユニオンとは交渉せず、自分たちだけと単独交渉することなども含まれていました。

この案件については、公然化した最初の段階から、そのような労働協約は慎重に検討し、組合側の一方的な要求には一切応じませんでした。

もちろん団体交渉には誠実に対応しますが、理不尽で一方的な要求には会社は応じませんから、結果的に何度団体交渉を行っても平行線のまま状況は変わりません。

すると、業を煮やした組合は、組合員に労基署に申告させたり、あっせんの申し立てを行ったりと、様々な脅しを仕掛けてきますが、やはり会社の姿勢は変わりません。

こんな状況が数ヶ月続くと、組合員が1人抜け、2人抜けと、次第にその数を減らしていき、結局は最初の言い出しっぺの数人だけが現在も残っているに過ぎない状況にまでなりました。

今では、夏冬の賞与前に、形式的な団体交渉を要求してくるか、あるいは忘れて要求してこない時すらあります。また、○○系ユニオンの役員もほとんど姿を見せることもなく、会社の決定に従うだけですから、組合員でいるメリットはもう何にもない状況です。

では、残った数人は、なぜ組合を辞めないのかというと、言い出しっぺだということもありますが、組合を辞めた途端に、会社からスパッと解雇されてしまうのではないかと危惧しているらしいのです。

組合員だということを理由に解雇することはできないので、組合を辞めない限り会社も迂闊には手が出せないと踏んでいるのです。組合費はそのための保険料です。

○○系の場合、担当者によっては、この会社はもう無理だと諦めてサジを投げてしまえば、このケースのように、自然消滅していくパターンは結構あるものです。

担当者が少しマシな営業マンであればある程、このケースのように、さっさと次の獲物を見付けに出て行ってくれる傾向にありますので、もう少しの辛抱です。

◆××系ユニオン・解決番外編1（アッと驚く黒幕型）

次に、パターンとは言えない非常に特殊なケースですが、余りにも衝撃的な事案がありましたのでご紹介しておきます。

ある建設業を営む会社の社長と総務課長が、従業員4〜5名が外部のユニオンに加入して、団体交渉を申し入れてきたので、どのように対応したらよいのか困っているということで、当事務所にご相談に来られました。そして、一通りお話をお伺いした上で、当事務所で引き受けさせていただくことになりました。

団体交渉での議題は、残業代の未払いがあるので、早急に支払えというものでしたが、会社側の計算では、未払い賃金などは存在しないという主張です。

団体交渉には、会社側は、社長と総務課長、私と当事務所スタッフが出席しました。

数回の団体交渉の後、組合員たちは労基署に駆け込んだらしく、今度は労基署から臨検を受けることになり、総務課長と私、当事務所スタッフの3名で対応しました。

当事務所が受任して数ヶ月が経過した後、今後のことも踏まえ、会社の顧問弁護士とも相談することになり、弁護士との打ち合わせ後、近所の蕎麦屋で昼食を食べながら、今後の作戦会議を行いました。

それから数日後、社長から当事務所に電話があり、総務課長が退職したと言うのです。

そう言えば、先日の弁護士との打ち合わせ後の蕎麦屋でも、いつも気さくで明るい総務課長が、その日はずっと無言で黙り込んだままだったので、どこか体調でも悪いのかと少々心配したのを思い出しました。

「病気とか、何か体調不良とかですか？」

「いえ違います。彼が黒幕だったんです」

「はあっ？」

一瞬耳を疑いましたが、事実はこうです。

もともと総務課長は、社長に対して不満を持っていたらしく、会社に不満を持つ従業員から相談を受けた際に、彼らをユニオンに加入するよう丸め込み、その組合員を操って、会社を攻撃していたらしいのです。

団体交渉の時も、労基署の臨検の時も、会社側の立場で振舞っていましたから、私たちもすっかり騙されてしまいました。

全ては総務課長が仕組んだことで、当然、その時の状況や、当事務所との打ち合わせ内容、そして会社側の対応策も、何もかも組合側に筒抜けだったんです。

どおりで、組合側はいつも準備万端、余裕しゃくしゃくで団体交渉に臨んでいたわけで、なんとなく違和感があったのを記憶しています。

「しかし、よく総務課長はすんなりと会社を辞めましたね」と聞くと、何やら別件で、社長に致命的な弱みを握られていたらしく、今回の件が発覚したことを追求されると、自ら退職を申し出たそうです。

その後、今度は退職した総務課長が、労働審判を通して、自分自身の未払い残業代を会社に請求してきました。

会社はある程度の金額を支払って、さっさと和解して、この件を終わりにしました。

何とも奇想天外な結末となりましたが、こんな驚きのケースもあるんですね。

◆△△系ユニオン・解決番外編2（親分型）

最後にもう一つ番外編です。

ある地方の産業廃棄物処理会社での案件ですが、従業員の1人が某ユニオンの事務所前の駐車場に、会社のダンプカーを駐車したまま、会社に車を返さないといった事案です。

もうこれは犯罪に等しい状況ですから、警察に通報することも可能でしたが、取りあえず、そのユニオンの事務所に、社長と私とで、車を奪回するために乗り込みました。

ユニオンの事務所には、着流し姿で迫力満点のユニオンの委員長、当該問題の従業員、そして女性事務員の３名がいました。

取りあえず、事の経緯を説明した上で、ダンプカーは会社の車なので、すみやかに返してほしいと申し出ると、映画の『仁義なき戦い』などに出てきそうな、どこかの親分的な雰囲気の委員長が、ドスの効いた声で言いました。

「ダンプは勿論お返しさせます。しかし、こんなことになった以上、もう会社に残ることはできないだろうから、会社を辞めても構わないので、ある程度の金を出して欲しい」

と、単刀直入に金銭交渉を切り出してきました。社長も異存はないので、その場で社長が交渉して60万円の支払いを約束して、一緒にダンプカーに乗って帰ってきました。

どうやら、ユニオンの事務所にいた女性事務員は、この問題社員の奥さんだったようで、「主人のダンプを大切に扱ってください」と、勘違いしたことを言っていました。

何はともあれ、迫力満点の委員長のナタで割ったような一言で、あっという間の決着となった一件でした。こんなケースもあります。

ユニオンには様々ありますが、特にご紹介した番外編以外のようなパターンというのは非常に多いものですから、今後の対応の参考にしていただけると幸いです。

しかし、十人十色と言いますが、実は人間が本気の交渉を行う場合というのは、３パターンに集約されますね。

そうはいっても、対応を誤ると、とんでもない結果を招きますので、先入観を捨てて、くれぐれも慎重に対応してください。

当事務所にご相談いただければ、貴社のお役に立てるよう、ご支援させていただきますので、お気軽にお問い合わせください。

＊おわりに＊

最後までお読みいただき、ありがとうございます。

第8章、第9章、そして第10章で紹介した事件は、会社側も組合側も納得という、良好な結果で終わることができましたが、ユニオンがかかわった全ての事件が、必ずしも綺麗に着地できるとは限りません。

一部の悪質なユニオンは、「正当な労働組合活動」だと騒ぎ立てるだけで、問題のある組合員の言動に対して注意や指導もできず、解決に向けたリーダーシップにも欠けるため、労務トラブルがだらだらと継続して、終結しない場合もあります。

これにより、不毛な時間がプラスされ、会社担当者の精神的負担も増していきます。

彼らは、基本的に暇な人たちであることが困りものなのです。
会社は、人生で一番大切な時間を浪費する暇な人たちにかかわると、解雇しようが、向こうの要求通り解雇を撤回しようが、縁が切れない限り、その後、何年にもわたって、例え裁判所で解雇有効と判示されても、「組合活動により、当該判決を無効化する！」などと意味不明で不当な要求を受け続けることになります。

ユニオンが絡む事件というのは、事件ごとに様々な要因が絡み合い、ユニオンの紛争解決能力レベルによって、たった1回の団体交渉で終結するケースもあれば、何度団体交渉を開催しても話が進まず泥沼化するケースもあり、実にいろいろなケースがあります。

ユニオンから団体交渉申入書が届いた時に備え、まずは本書にて、お手軽かつ入門的にユニオンについての初期対応法と、多くの場合の着地点を知っておいていただけたらと思います。

その上で、万が一の時にはうまくご対応いただければと思います。

本書が、労働組合問題の平和的解決の一助となれば幸いです。

平成28年11月

『社長を守る会』竹内社労士事務所
代表　特定社会保険労務士　竹内　睦

著者紹介　**竹内 睦**（たけうち むつみ）

『社長を守る会』竹内社労士事務所　代表　特定社会保険労務士。

昭和34年生まれ。昭和57年明治大学経営学部卒業。同年大和証券株式会社に入社。中小企業開拓を中心とするセールスマンとして第一歩を踏み出す。以来、外資系証券および生損保の営業を経験。

平成８年12月１日、竹内社労士事務所を「おばあちゃんの原宿」と言われ、「とげぬき地蔵」のある東京都豊島区巣鴨に開業。平成27年２月、JR山手線大塚駅前に事務所を移転、現在に至る。

事務所の中心業務は、「会社の憲法」である就業規則の作成と労務問題解決に向けた相談など。「法律で保護されない経営者を守る！」を信条に、『社長を守る会』を発足し、クライアント企業の抱える様々な問題を確実に解決している。

自身も事務所スタッフ20名以上を抱える中小企業の社長でもある。

著書に、「こんなにおもしろい社会保険労務士の仕事」（中央経済社）がある。

労働組合対策相談室　http://www.kumiaitaisaku.com/
竹内社労士事務所　　http://www.e-shacho.net/

ユニオン《ゆにおん》対策《たいさく》が2時間《にじかん》でわかる本《ほん》

2012年７月27日　初版　　　第１刷発行
2016年11月29日　改訂増補版　第１刷発行

著者　竹内 睦《たけうちむつみ》
発行者　伊藤滋
印刷所　新灯印刷株式会社
製本所　新風製本株式会社
本文ＤＴＰ　有限会社中央制作社
発行所　株式会社自由国民社
〒171-0033　東京都豊島区高田3-10-11
営業部　TEL 03-6233-0781　FAX 03-6233-0780
編集部　TEL 03-6233-0786　URL　http://www.jiyu.co.jp/